朱嘉雯經典文學情商課3

李白

與爾同銷萬古愁，翻轉憂慮的樂天派詩仙

朱嘉雯——著

五南圖書出版公司 印行

吾愛李太白——作者序

李白人生最後的兩年，那時國已破家也亡了。詩人一身的病痛，他的肋膜腔遭細菌感染因而嚴重發炎，於是他常常感到胸痛、呼吸困難、畏寒，而且高燒不退。這種胸痛的症狀，愈來愈頻繁，也愈來愈沉重！有時呼吸急速加快，使他根本喘不過氣來。到那時，他兀自心驚膽戰，知道若是當下這一口氣喘不過來，就會死在某個荒村野店，而且沒有人知道他是誰。

他此時步雪履穿，無衣無食，滿頭蓬亂的白髮，又病又餓，眞應驗了杜甫的那句詩：「艱難苦恨繁霜鬢。」這樣一個蓬頭垢面，一身淒涼憔悴的孤苦老人，怎麼會有人關心他是誰呢？怎麼會有人將他與「天子呼來不上船」的謫仙人，聯想在一起呢？而李白內心更清楚的是，自己將不久於人世，他得趕緊趕到叔叔李陽冰的住處，就算爬也要爬過去，因爲他的背袋裡有一件很重要的東西……。

西元七六二年深秋，李白終於來到安徽當塗李陽冰的住處，也許當時在李陽冰身旁的人，也並不知道眼前這個被災難病痛折磨到氣息奄奄的老頭子是誰。而那時已經病入膏肓的李白，開始慢慢地回想起自己平生的所有遭遇，這些林林總總的事情加起來只等於悲傷、憤恨以及無限的遺憾！他咳得氣喘吁吁，向人索要紙筆，正因爲李太白這一生最擅長的就是寫詩，所以如今他要寫下人生最後的一首詩歌。那猛烈顫抖而又無力的手，異常艱困地寫了幾行，就不能再繼續了。周圍的人拿過來一看，不由得都驚呆了！

大鵬飛兮振八裔，中天摧兮力不濟。
餘風激兮萬世，遊扶桑兮掛左袂。
後人得之傳此，仲尼亡兮誰爲出涕？

我就是那振動著超級巨翅的大鵬！只要天空夠大，我一拍翅膀就能飛向遙遠的天際。可惜時不我與，未抵達終點便遭受到阻撓。雖然我所搧起的大風到最後只剩下一點點餘威，可就是這麼一點點餘風，都能夠影響後代，激勵萬世。我曾經飛到像太陽一般的君王身旁，可惜一隻袖子被旁邊的小人給扯著了。孔子曾經爲了一隻祥瑞的異獸麒麟被捕獲而悲傷地掉下眼淚，如今孔子亡矣，還有誰能爲我的死而哭泣呢？

如此浪漫、抒情又富於個性的詩篇，作者不是李白又會是誰？

如此不媚權貴且充滿叛逆精神的詩人，不是李白難道還有別人？

如此大刀闊斧，極度誇張而能運用神話的高手，不就是李白嗎？眾人眼裡的病癆鬼呀，頃刻幻化為天使，因為只要看到他的作品，哪怕只是一眼，也能認出他是李白，就只能是李白，而且眞的是李白！

李白背袋裡的一疊手稿，是他好不容易保存下來的詩文。他要交給李陽冰編輯留存。他後悔自己早年大筆如椽，氣勢恢宏又變化莫測的許許多多壯麗詩篇，竟沒能編印成冊，保存下來。如今就剩下這麼一點稿子，可以交到族叔的手上，也算聊慰他慘淡的心情。然後他明瞭自己該放手了。

晚唐詩人皮日休是這樣形容李白的：「吾愛李太白，身是酒星魄。口吐天上文，跡作人間客……竟遭腐脅疾，醉魄歸八極。大鵬不可籠，大椿不可植……惜哉千萬年，此俊不可得。」

皮日休說得對，千百年以降，我們可曾看見過第二個俊才，一如李白？

目錄

第二單元　行路難 071

第一單元

文人有恨

君門若夢中
——〈南陵別兒童入京〉

天寶元年，那是唐王朝最鼎盛的時期，人們豐衣足食，生活中有數不盡的享樂，詩文藝術也站上了歷史的最高峰！然而，李白已經四十二歲了。這個西元八世紀的大才子，即使過往曾經乘著理想和抱負的翅膀遨遊，到如今都無法越過他已經四十二歲這個現實的山頭。從前所有虛度的光陰，以及那些在平靜中匆匆流逝的歲月，往後還能補得回來嗎？

這一天，他從山中秋遊歸來，聽說酒已釀熟，太白忍不住要嘗新了。低頭看見黃雞正在啄食黍米。「好個肥雞！」他悠哉悠哉地想著，回頭喚人：「煮酒！烹雞！」聽到這一聲命令，孩子們都樂翻天了！

然而作爲李白的孩子，他們是眞的幸福嗎？太白二十四歲那一年，入贅許家，從此過著詩酒隱居的生活。「蹉跎十年」他自己說。在平靜安穩的歲月裡，他得到了兩個寶貝：女兒平陽，兒子明月奴。十年之後，妻子許氏已故去數年，他帶著孩子們與劉氏同居，直到劉氏棄他們而去，

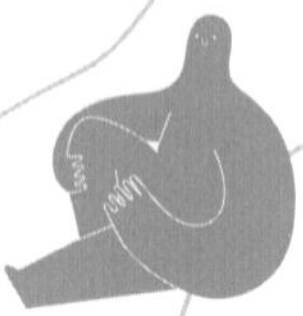

李白只好帶著孩子們從安陸到了東魯，在這裡，他又戀愛了。魯地的女子生了個兒子，叫頗黎。這三個孩子啊！是李白一生最美的邂逅，也是他最沉重的包袱吧。

如今孩子們看見爸爸回來了，他們快樂地牽著爸爸的衣裳，以小天使的臉龐仰頭注視著他們最愛的爸爸閃亮的眼眸。在落日餘暉的光芒下，這位出生在西域的半個吉爾吉斯人啊！突然迷醉了，他想要醉，他渴望醉了之後，能高歌一曲，再跳一支草原上的舞來暢敘他平生的心願。李白是這樣的高興！因爲他剛剛接到詔書，不久之後，即可奉旨入長安。這飛黃騰達的時機，縱然是來得晚了點，但李白還是高興的，「晚了，我就快馬加鞭，急起直追，奔上青雲！」從前朱買臣的妻子不理解他，直把丈夫看作是個無用的男人；如今我要讓我的女人瞧瞧，我不是那種只在草野鄉間虛度的人。「我走了！頭也不回地去到那當今世上最宏偉的宮殿，我要一展長才了！」李白大笑！笑聲裡，滿是他的憧憬。

正當他的笑聲還在我們耳邊高低起伏悠悠回蕩著，引得我們也同他一般興奮不已時，李白卻被趕出宮了。僅僅不到兩年的時間，便鎩羽而歸，又回到了蓬蒿叢裡。他回眸長安，發出了一聲嘆息：「君門若夢中。」

我們忘不了，當年出門時，李白那一陣仰天豪邁的大笑！這一笑，既純眞又開朗，他的影像永遠定格在有孩子們圍繞的竹籬茅舍前，像一張泛黃而珍貴的老照片。只是當李白日後再回顧，這往昔的畫面上該多了一些人事的糾葛與歲月的滄桑。

附錄原文

南陵別兒童入京

白酒新熟山中歸，黃雞啄黍秋正肥。
呼童烹雞酌白酒，兒女嬉笑牽人衣。
高歌取醉欲自慰，起舞落日爭光輝。
遊說萬乘苦不早，著鞭跨馬涉遠道。
會稽愚婦輕買臣，余亦辭家西入秦。
仰天大笑出門去，我輩豈是蓬蒿人！

干謁文是謀職信的典範——〈上安州裴長史書〉

每到高中同學申請入學的時節，大學端的老師們就會看到許多個人資料，包括：自傳、學習成績、讀書計劃、社團經營、競賽獎次，以及成果發表……。剛開始，老師們看得眼花繚亂，一旦看得份數多了，又會覺得資料大同小異。同樣地，每到畢業季，或是各單位貼出徵聘人才公告時，許多履歷表也會像雪片般紛紛飛來。然而我們應該如何以書面形式來表現自我，才能讓人耳目一新呢？我想，首先必須要對自己有充分的了解，接著就是擁有相當好的文筆，才能將自己形塑得有聲有色，進而在主事者的心目中留下良好而深刻的印象。

唐朝的大詩人李白曾經寫過一篇自我介紹的文章，一方面強調自己的人格特質，同時形象生動地描述自己過往的人生經歷。這篇自傳與簡歷就是著名的〈上安州裴長史書〉。我在這篇文章裡，看到了李白對自己知之甚深，並且具有很好的文采來做自我推薦。文章開篇就先告訴裴長史，他為什麼要寫這封信。「白聞天不言而四時行，地不語而百物生。白人焉，非天地也，安得不言而知乎？」從前孔子曾經說過：「人不知而不慍，不亦君子乎？」即使不為人所理解，卻依

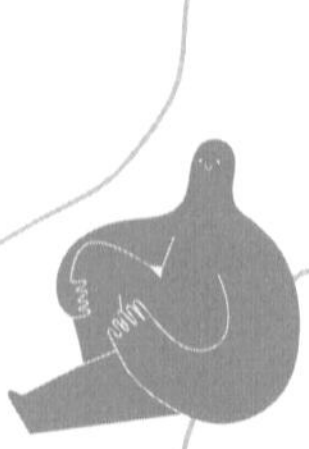

舊心平氣和，這才是具有道德修養的人。可是如今李白卻說，儘管天地不言不語，便可以藉著四時萬物欣欣向榮來傳達其生生之德。但我不是天地，我是一個人，所以當別人不了解我的時候，我一定要說，如果我不說，別人怎麼知道我呢？我們被他的破題給引發了興趣，從中也能看出詩人的性格，他不是溫良謙恭的孔子，他是個有話直說的人。而且等不得別人慢慢地來理解他，逐步地親近請益，最後才感到敬愛與佩服，這樣太慢了！李白願意主動出擊，自我推薦，讓別人很快地知道他，進而認識他、欣賞他，最重要的是能夠任用他。

既然有話要說，他便開始細數其家世背景。這個部分寫得比較簡略，我想主要的原因，還是因爲這篇文章的重點在於李白個人的強烈風格，因此家庭的部分，便可約略帶過。然而儘管所言不多，卻已經爲我們留下了很珍貴的史料。他說他的家族祖上住在金陵，原本也是高門顯第。可是後來不幸遭逢了「沮渠蒙遜之難」，因而遷居秦地。沮渠蒙遜是匈奴人，西晉五胡亂華之後，他的家族在北方建立了北涼，卻因爲其伯父被後涼皇帝所殺，沮渠蒙遜便聯合南涼國王、後秦皇帝，合力滅了後涼，以爲報仇。李白說，他的家族先祖就是在這一場動亂中逃離了家鄉。後來又因爲官場仕途不如意，所以其祖上寧願待在家裡，也不出來做官了。交代了家世背景，接下來，李白便開始講述自己的故事。

「少長江漢，五歲誦六甲，十歲觀百家。軒轅以來，頗得聞矣。常橫經籍書，製作不倦，迄於今三十春矣。」他自五歲啓蒙，到十歲時已經遍覽諸子百家的經籍。他是怎麼讀書的呢？大約是書桌上、床上到處都橫陳著書本，不僅日夜讀書，而且還非常勤奮地寫作。這麼努力地閱讀和書寫，再一抬頭，才驚覺已經悠悠過了三十年！

然後他決定走出書齋，去看看外面的世界。行萬里路乃是「大丈夫必有四方之志」，於是他「乃仗劍去國，辭親遠遊」。明代的大地理家徐霞客曾有名言：「大丈夫當朝碧海而暮蒼梧！」其實早在唐代，李白已經做到「南窮蒼梧，東涉冥海」了。李白作此壯遊，背後的理由是因為他讀書，讀到司馬相如的作品，深深為之嚮往，因此決定浪跡天涯，去找尋司馬相如〈子虛賦〉中的雲夢大澤。這是在《左傳》、〈禹貢〉、《周禮》等古書中都曾出現過的神祕地帶。《史記·司馬相如傳》也記載：「楚有七澤，其小者，名曰雲夢。」而李白卻在這個浪漫的地方，展開了他人生的第一段婚姻。

當時，前左丞相許圉師看上了到此遊歷的李白，便招他為孫女婿。雖然許圉師的小兒子曾經在打獵時殺了人，使得父親遭到貶謫。然而這個百年之家，看上去仍然是簪纓滿門的望族。「而許相公家見招，妻以孫女，便憩於此，至移三霜焉。」可知他的第一段婚姻維持了三年。

妻子過世之後，他便不再留戀，離開此地往東行，到了維揚，在一年之內，竟然散金三十餘萬！錢都花到哪裡去了呢？「有落魄公子，悉皆濟之。」所以他要告訴我們的是，李白乃是個「輕財好施」之人。此外，他也非常地重感情，而且非常重視朋友。他特別為此，舉了一個例子：有個同鄉吳指南，原本與李白一同遊歷，卻不幸在洞庭湖附近過世了。李白換上喪服，號啕痛哭，就像失去了自己的親人一般哀痛欲絕。那時正值炎炎暑月，李白日夜撫屍大慟，眼淚流盡了，繼而泣血。路人見到如此情況，儘管他們與死者不相干，卻也都傷心不已！而李白就這樣堅定地守著吳指南的遺體，「猛虎前臨，堅守不動」。

當初因爲沒有錢移靈，所以暫時將吳指南葬在洞庭湖畔。幾年之後，李白又回到這裡，手持刀刃，淚流滿面，親自爲好朋友洗削屍骨，然後帶著包裹起來的屍骨，日夜兼程趕路，在路途中，無論如何都要將摯友的遺骨揹在身上，寸步不離。最後還以乞討與揹債，完成了吳指南的安葬儀式。這樣我們又看見了李白的另一個人格特質——交友重義。若非他在文中舉出這樣一個實例，我們也不能深切感受到他性格中輕利重義的一面。

至於他的性情淡泊，李白對自己也有深切的體認。於是他又舉了一個實際的例子。他曾經有好幾年的時間，與賢士東嚴子一同隱居在四川岷山，足跡不曾踏入城市。當時他們養了一千多隻珍貴的禽鳥，而且這些鳥兒很聽話，呼喚牠們來，鳥兒就會停在主人的手掌心，輕輕地啄食。當時的廣漢太守聽說此二人乃奇人，便親自造訪，希望二位賢士出仕爲官，但是李白和東嚴子當下都拒絕了。因此大詩人進一步讓我們知道，他是個「養高忘機」，不屈服於權貴的清流。

李白的自我介紹，說到最後，才進入他的文學。這時，他依然是拿出幾個眞實的例子來標榜自己的才氣，才見得有說服力。原來當年前禮部尚書來到益州，曾經當著所有官員的面說道：「此子（李白）天才英麗，下筆不休，雖風力未成，且見專車之骨。若廣之以學，可以如比肩也。」那時候李白還年輕，還未成氣候，然而尚書大人卻已經看得出來，假以時日，他可以與司馬相如並肩。而這一段話，流傳甚廣，許多文人士大夫也都知曉。此外，還有一個人，他也極力稱讚過李白的詩文。這個人是前郡督馬公，他認爲李白是個奇才，因此對長史李京之說道：「諸人之文，猶山無煙霞，春無草樹。李白之文，清雄奔放，名章俊語，絡繹間起，光明洞澈，句句動人。」讀別人的文章，感覺山色春光皆黯淡無趣。一旦閱讀了李白的文章，便立刻感受到一股奔放的力量，而且文中處處是雋永的警句，給人一片光明清朗的印象。

李白好讀書、輕財重義、淡泊忘機的內心世界與個人形象，在他自己的筆下，形象畢肖地呈現出來。如果我們在寫作上，也能夠以生動的故事，並且舉證歷歷來形塑自己，想必會讓讀者對我們有更深刻的認識。然而從前古人對於李白這類自我行銷的文章，不是很瞧得起，他們說這是「干謁文」。原來唐代除了科舉制度以外，還有薦舉制，有才華的文人可以透過公卿舉薦而入仕。但其實對於現代人而言，干謁也並沒有什麼不好，因爲它就相當於寫求職信，目的是爲了得到他人的青睞。從這個角度來思考，在唐宋之間還有：王建、孟浩然、杜甫，乃至於蘇轍等大文人都寫過干謁文。於是我們應該一篇一篇悉心地閱讀，剔除掉那些過度阿諛奉承的話語，然後從中尋繹出描寫自己的好方法，如此一來，可以讓我們在求學與謀職的路上，更加順利而且充滿自信。

上安州裴長史書（節錄）

白聞天不言而四時行，地不語而百物生。白人焉，非天地也，安得不言而知乎？敢剖心析肝，論舉身之事，便當談筆，以明其心。而粗陳其大綱，一快憤懣，惟君侯察焉。

白本家金陵，世為右姓。遭沮渠蒙遜難，奔流咸秦，因官寓家。少長江漢，五歲誦六甲，十歲觀百家。軒轅以來，頗得聞矣。常橫經籍書，製作不倦，迄於今三十春矣。以為士生則桑弧蓬矢，射乎四方，故知大丈夫必有四方之志。乃仗劍去國，辭親遠遊。南窮蒼梧，東涉溟海。見鄉人相如大夸雲夢之事，云楚有七澤，遂來觀焉。而許相公家見招，妻以孫女，便憩於此，至移三霜焉。

曩昔東遊維揚，不逾一年，散金三十餘萬，有落魄公子，悉皆濟之。此則是白之輕財好施也。又昔與蜀中友人吳指南同遊於楚，指南死於洞庭之上，白禫服慟哭，若喪天倫。炎月伏尸，泣盡而繼之以血。行路間者，悉皆傷心。猛虎前臨，堅守不動。遂權殯於湖側，便之金陵。數年來觀，筋骨尚在。白雪泣持刃，躬申洗削。裹骨徒步，負之而趨。寢興攜持，無輟身手。遂丐貸營葬於鄂城之東。故鄉路遙，魂魄無主，禮以遷窆，式昭明情。此則是白存交重義也。

又昔與逸人東嚴子隱於岷山之陽，白巢居數年，不跡城市。養奇禽千計。呼皆就掌取食，了無驚猜。廣漢太守聞而異之，詣廬親睹，因舉二以有道，並不起。此白養高忘機，不屈之跡也。

又前禮部尚書蘇公出為益州長史，白於路中投刺，待以布衣之禮。因謂群寮曰：「此子天才英麗，下筆不休，雖風力未成，且見專車之骨。若廣之以學，可以如比肩也。」四海明識，具知此談。前此郡督馬公，朝野豪彥；一見禮，許為奇才。因謂長史李京之曰：「諸人之文，猶山無煙霞，春無草樹。李白之文，清雄奔放，名章俊語，絡繹間起，光明洞澈，句句動人。」此則故交元丹，親接斯議。若蘇、馬二公愚人也，復何足盡陳？倘賢賢也，白有可尚。

多少恨！——〈擬恨賦〉

我記得，高中時代國文老師曾經給我們出過一個題目，她希望我們能夠釐清一些相近的詞彙如何對應內心的各種情緒或感受。例如：愉悅、興奮、愜意、快樂、高興、歡欣、雀躍、鼓舞……。我們必須運用這些詞彙各造一個最適當的句子，來證明我們確實能夠體會這些詞語所指涉的情緒。那時我們才十五歲，人生的經驗以及各種喜怒哀樂的滋味，還沒有那麼豐富的體驗。因此不一定每個人都能夠做好這個課題。然而，就因爲當時沒有即時尋得令自己很滿意的答案，於是便以後來漫長的時光，來逐漸體會與思索人生的況味。

無獨有偶的是，大詩人李白在十五歲的時候，也做了類似的課題。只不過他給自己的題目不是「樂」，而是「恨」。「恨」這個字，在中文的意境裡，相對地要複雜、困難得多！所以李白給自己的其實是一個很大的挑戰。我們回顧古典詩詞，蘇東坡曾寫：「不應有恨，何事長向別時圓？」杜甫說過：「感時花濺淚，恨別鳥驚心。」白居易也有：「天長地久有時盡，此恨綿綿無絕期。」那亡國詞人李後主更說道：「胭脂淚，相留醉，幾時重？自是人生長恨水長東。」詩詞

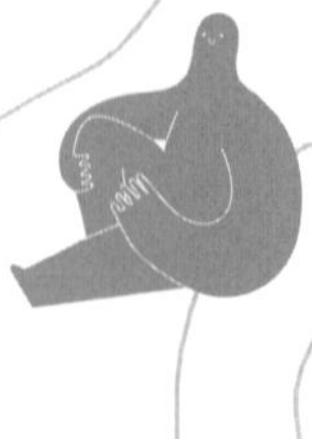

裡有多少恨，其中就有多少種複雜糾葛的心情。有的是愁，有的是苦，有時傷感，有時遺憾，還有怨，也有怒……。

李白很聰明，他學寫文章，有個訣竅，當時他的偶像是南朝的文學家江淹。江淹就寫過〈恨賦〉。詩人站在秋色連天，一望無際的古戰場上，他對激烈戰爭的想像力與歷史興亡的滄桑感，頓時間將他的靈魂團團圍繞。眼前陰森的枯木間，彷彿埋藏著無數憂愁的孤魂。這裡像是一座地獄，是人們無論如何都不想走到的那個地步。這裡曾經有多少人在見到死神的那一刻，感到幽恨？而面對劫後的古戰場，江淹打從心底深處發出了一個疑問：天道何在？

在他的想像中，第一個有恨的應該是秦始皇。他舉兵爭戰，毀了六國文明，終於成就霸業。然而倏忽間又見江山飄搖，並且他自己也魂歸離恨天。他的恨，滿溢著莫大的遺憾與覺悟！

那漢代名將李陵，也有恨。他在黃沙大漠之間，苦苦征戰多年，終於敵不過胡人鐵騎。在受降之日，遭受羞辱與罵名。他的恨，其實是冤。

還有王昭君，眼前是蒼茫的關山，在蕭蕭的風聲裡，她只見到大雁可以南飛，而人卻只能隨著落日西沉，遂以琵琶訴說她的恨，那是女性面對君父的無情，感到極度的失望與不解。

江淹就這樣，一路爬梳古人，綿延地傾瀉出多重多樣恨的感情與恨的記憶。而少年李白願追隨前人的腳步，體會在他這個年紀還不能完全理解的各種苦與恨。他先拉開一組歷史有名的對照：漢高祖劉邦與西楚霸王項羽，他們各有各的恨。「昔如漢祖龍躍，群雄競奔，提劍叱吒，指揮中原。」在東征西討之後，終於能夠「握瑤圖而倏升，登紫壇而雄顧」。然而坐穩了江山又如何？很快地，就像秦始皇「一朝長辭，天下縞素」。他的恨，多少帶著倉皇下臺的驚詫。

而拔山力盡，英雄無雙的項王，一旦「聞楚歌之四合，知漢卒之重圍」。最後只落得個「帳中劍舞，泣挫雄威。騅兮不逝，喑啞何歸」？他的恨，雖說是不服氣，最後終究只能黯然神傷，向命運低頭。

至於荊軻刺秦王，刺客「直度易水。長虹貫日，寒風颯起。遠讎始皇，擬報太子」。世人對於他寄予了多大的期望，可惜到頭來「奇謀不成，憤惋而死」。荊軻既憤怒又扼腕！他要說：「不！不！結局不應該是這樣的！」

我們記得江淹寫了王昭君，所以李白緊追在後，也寫了一位女性陳皇后。在失寵的日子裡，「日冷金殿，霜淒錦衣。春草罷綠，秋螢亂飛」。她也有恨，她很孤獨，很寂寞，很不能理解君王為何輕易背棄了當初的誓言？

還有那被流放的屈原，究竟懷著怎樣的心態呢？「遷於湘流。心死舊楚，魂飛長楸。聽江楓之嫋嫋，聞嶺狖之啾啾。永埋骨於淥水，怨懷王之不收。」原來江水濤濤，載不動的是屈原滿腹的哀怨。

江淹既寫了秦始皇，那麼李白就針對與秦始皇一生關係密切的李斯來抒發。李斯是法家人物，他勸始皇滅東方六國，自己則擔任謀士與說客，前往離間各國君臣。秦始皇統一天下之後，李斯又主張郡縣制，更主張焚毀民間有關諸子百家的藏書。秦始皇死後，李斯為了自保，聯合趙高陷害秦始皇長子，扶立幼子為皇帝，卻在合謀易儲之後，被趙高捏造謀反的罪狀，誅滅三族。李白用心感受這個幫助始皇帝成就千古霸業的大功臣，在面臨死刑的那一刻，他內心的恨，其實是對於人世間至情至性、簡單純樸的天倫之樂，懷著依戀不捨之情：「李斯受戮，神氣黯然。左右垂泣，精魂動天。執愛子以長別，嘆黃犬之無緣。」

世間能有多少恨？讓江淹道不盡，李白又續之。愛讀書又愛動動腦的你，能再想到更多的例子嗎？

擬恨賦

晨登太山，一望蒿里；松楸骨寒，宿草墳毀。浮生可嗟，大運同此。於是僕本壯夫，慷慨不歇；仰思前賢，飲恨而歿。昔如漢祖龍躍，群雄競奔，提劍叱吒，指揮中原。東馳渤澥，西漂崑崙，斷蛇奮張，掃清國步。握瑤圖而條升，登紫壇而雄顧。一朝長辭，天下縞素。若乃項王虎鬥，白日爭輝；拔山力盡，蓋世心違。聞楚歌之四合，知漢卒之重圍。帳中劍舞，泣挫雄威；騅兮不逝，喑啞何歸？至如荊卿入秦，直度易水；長虹貫日，寒風颯起。遠讎始皇，擬報太子；奇謀不成，憤惋而死。若夫陳后失寵，長門掩扉；日冷金殿，霜淒錦衣。春草罷綠，秋螢亂飛；恨桃李之委絕，思君王之有違。昔者屈原既放，遷於湘流；心死舊楚，魂飛長楸。聽江楓之嫋嫋，聞嶺狖之啾啾；永埋骨於淥水，怨懷王之不收。及夫李斯受戮，神氣黯然；左右垂泣，精魂動天。執愛子以長別，嘆黃犬之無緣。或有從軍永訣，去國長違；天涯遷客，海外思歸；此人忽見愁雲蔽日，目斷心飛；莫不攢眉痛骨，抆血霑衣。若乃錯繡轂，填金門；煙塵曉沓，歌鐘晝喧。亦復星沉電滅，閉影潛魂。已矣哉！桂華滿兮明月輝，扶桑曉兮白日飛。玉顏滅兮螻蟻聚，碧臺空兮歌舞稀。與天道兮共盡，莫不委骨而同歸。

浪漫詩人的形象是怎麼來的？

——從《舊唐書》到《警世通言》

嘗沉醉殿上，引足令高力士脫靴，由是斥去。乃浪跡江湖，終日沉飲。

——《舊唐書・李白傳》

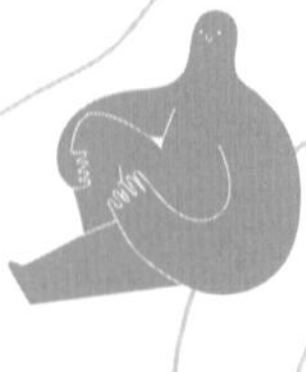

李白與高力士的關係到底有多緊張？看看正史的記載，就能領會。「斥去」二字頗令我感到怵目驚心！看來「力士脫靴」這事件，對權傾朝野的大宦官而言，確實相當受辱，因此他無論如何要報此大仇！儘管這件事主要是在彰顯李白自在任性與不懼權貴的性格和形象。

有趣的是，正史中僅僅兩行文字的記載，到了文學的世界裡，就會因文人充滿想像力的鋪敘，而展衍成汪洋恣肆的趣味文章。於是我們發現，當歷史止步之處，便總是文學夢想起飛的開始。

我們這就一起來看看明代小說家馮夢龍所編纂的《警世通言》第九卷〈李謫仙醉草嚇蠻書〉。故事告訴我們，李白與賀知章相遇了，兩人一見如故，而且到了難分難捨的地步！於是李白隨賀知章入府，在他家一待就是好幾個月。直到科舉考試接近的時候，賀知章建議李白參加考試。只不過這一次的主考官是楊國忠與高力士，而他們兩人都貪心索賄。李白因沒有錢財，於是答應讓賀知章寫一封推薦信給兩位主考官，試試運氣，也許有機會。

沒想到楊太師、高力士二人看了信之後都冷笑道：「賀內翰受了李白金銀，卻寫封空書在我這裡討白人情，到那日專記，如有李白名字的卷子，不問好歹，即時批落。」果然到了考試那一天，情況就變得非常糟糕了！儘管李白才思有餘，一筆揮就，第一個交卷。那楊國忠一見卷子上有李白的名字，也不看文字，立刻亂筆塗抹道：「這樣書生，只好與我磨墨。」那高力士更過分了！他說：「磨墨也不中，只好與我著襪脫靴。」而且這兩位主考官竟然還喝令下屬將李白趕出去！

我們可以想像，從前通俗小說的讀者們，看到這裡，一定非常氣憤！也許還有人在心裡想著：君子報仇三年不晚！李白若是有機會飛黃騰達，說不定能將楊國忠和高力士給整回去。事實上，當時的小說家如馮夢龍、凌濛初等人所迎合的對象，就是大眾文學的讀者。因此他們知道如何讓這個階層的人看得開心，以達到娛樂的效果，並以此來刺激文藝性的消費。於是在這類的故事裡，復仇者一定要成功！這樣讀者群的心理才能產生快感。

在敘事節奏緊湊的要求下，很快地李白便得到了好機會。那渤海國大可毒派遣使者送書信給唐朝官家。問題是這信上的文字是外國語文，而且滿朝文武百官竟然沒有一個人看得懂。皇上為此煩惱又震怒！命令楊國忠等人找到能識渤海國語言文字的能人異士。而就在此時，賀知章推薦了李白。

為了欣賞明代白話文小說的修辭，我們來看看李白奉旨入朝的姿態：「李白紫衣紗帽，飄飄然有神仙凌雲之態，手捧番書立於左側柱下，朗聲而讀。一字無差，番使大駭。」李白以流利的外文讀出他們的書信，並且指責渤海國的外使無禮！而「唐天子這就下詔，你仔細聽好了！」這一番話，罵得那位番官戰戰兢兢，跪於階下。接著李白便開始為皇帝草擬詔書。玄宗此刻非常器重李白，因此「天子命設七寶床於御座之旁，取于闐白玉硯、象管兔毫筆、獨草龍香墨、五色金花箋，排列停當。賜李白近御榻前，坐錦墩草詔」。

李白既然都已經坐到皇帝的身邊，怎能不利用這大好的機會來報復楊、高二人呢？於是他啓奏道：「臣靴不淨，有汙前席，望皇上寬恩，賜臣脫靴結襪而登。」天子當然准奏，便命一小內侍與李學士脫靴。可是李白又奏道：「臣有一言，乞陛下赦臣狂妄，……臣前入試春闈，被楊太師批落，高太尉趕逐，今日見二人押班，臣之神氣不旺。乞玉音吩咐楊國忠與臣捧硯磨墨、高力士與臣脫靴結襪，臣意氣始得自豪，舉筆草詔，口代天言，方可不辱君命。」

唐玄宗這時正在用人之際，他唯恐拂逆了李白的心意，便達不到壓制番使的效果，不得已只好傳旨：「教楊國忠捧硯、高力士脫靴。」此二人不甘不願地領旨，又在心裡暗暗懷恨。這幕場景，足以使讀者們既拍手叫好，又擔心李白接下來會遭受到楊、高兩人的讒言陷害。於是我們發現小說家們都擅長調度讀者的情緒，不僅能讓讀者氣憤，也能讓他們高興，同時更懂適時地讓讀者心生緊張和憂慮。因爲唯有充分掌握了讀者的情緒，才能使自己的文本產生吸引力。

果然，不久之後，故事的走向符合了讀者們的期待。由於高力士深恨脫靴之事，於是他在四下無人之時，告訴楊貴妃：「李白的〈清平調〉有『可憐飛燕倚新妝』，那飛燕姓趙，乃西漢成帝之后。則今畫圖中，畫著一個武士，手托金盤，盤中有一女子，舉袖而舞，那個便是趙飛燕。生得腰肢細軟，行步輕盈，若人手執花枝顫顫然，成帝寵幸無比。誰知飛燕私與燕赤鳳相通，匿于複壁之中。成帝入宮，聞壁衣內有人咳嗽聲，搜得赤鳳殺之。欲廢趙后，賴其妹合德力救而止，遂終身不入正宮。今日李白以飛燕比娘娘，此乃謗毀之語，娘娘何不熟思？」

這一番話，勾起了楊貴妃的心病。原來他與胡人安祿山之間也有不正常的關係，而且滿宮皆知，只瞞得玄宗一人。貴妃因此相信李白寫詩就是在諷刺她，於是對他心生怨恨，之後每每在皇帝面前告狀，說李白縱酒輕狂，毫無做臣子的禮數。玄宗因爲妃子不樂，因此也就不再召李白進宮赴宴。

說書人總是盡情揮灑，將史書上提供的資料轉化爲有始有終、因果循環相扣的趣味故事，同時也在此間完成了大詩人李白才華洋溢、膽識過人、任誕縱性與浪漫博學的形象塑造。

《警世通言》第九卷〈李謫仙醉草嚇蠻書〉（節錄）

聖旨宣番使入朝，番使山呼見聖已畢。李白紫衣紗帽，飄飄然有神仙凌雲之態，手捧番書立於左側柱下，朗聲而讀。一字無差，番使大駭。李白道：「小邦失禮，聖上洪度如天，置而不較，有詔批答，汝宜靜聽！」番官戰戰兢兢，跪於階下。天子命設七寶床於御座之旁，取于闐白玉硯、象管兔毫筆、獨草龍香墨、五色金花箋，排列停當。賜李白近御榻前，坐錦墩草詔。李白奏道：「臣靴不淨，有汙前席，望皇上寬恩，賜臣脫靴結襪而登。」天子准奏，命一小內侍：「與李學士脫靴。」李白又奏道：「臣有一言，乞陛下赦臣狂妄，臣方敢奏。」天子道：「任卿失言，朕亦不罪。」李白奏道：「臣前入試春闈，被楊太師批落，高太尉趕逐，今日見二人押班，臣之神氣不旺。乞玉音吩咐楊國忠與臣捧硯磨墨、高力士與臣脫靴結襪，臣意氣始得自豪，舉筆草詔，口代天言，方可不辱君命。」天子用人之際，恐拂其意，只得傳旨：「教楊國忠捧硯、高力士脫靴。」二人心裡暗暗自揣，前日科場中輕薄了他：「這樣書生，只好與我磨墨脫靴。」今日恃了天子一時寵幸，就來還話，報復前仇。出於無奈，不敢違背聖旨，正是敢怒而不敢言。

清風朗月——褚人穫眼中的李白

祿山之亂，玄宗幸蜀，在途以永王璘爲江淮兵馬都督、揚州節度大使。白在宣州謁見，遂辟從事。永王謀亂，兵敗。白坐，長流夜郎。

——《舊唐書・李白傳》

李白與安祿山的交集，也是後世小說家熱衷的話題。雖然正史記載不多，但是李白自己在詩中似乎也提到了他對安祿山的看法。在〈幽州胡馬客歌〉一詩中，李白運用了在馬背上演奏軍樂的梁鼓角橫吹曲體式，描繪出一名勇猛的胡人戰士，他睜著碧綠色的雙眼，頭上戴著虎皮冠，當他拉開弓箭時，眞有萬夫不當之勇！這首詩寫於天寶十一載（西元七五二年）十月，這一年李白去到了范陽，也就是幽州，大約是今天的河北省北部，包含北京到遼寧西南。而熟悉歷史的人都知道，安祿山當時任平盧、范陽、河東三鎮節度使。尤其范陽，正是安祿山的老巢，所以李白很可能親眼見識到安祿山威猛的氣勢，他當時就對胡人的凶狠殘忍有所體認：「天驕五單于，狼戾好凶殘。」看到這些胡人如此好殺戮，「白刃灑赤血，流沙為之丹」，李白不免憂心：「名將古誰是，疲兵良可嘆。何時天狼滅？父子得閒安。」李白隱約感覺到叛變與殺伐就在眼前，他閉上雙目，即能看見戰場上血淚橫流，多少家庭父親、兒子相繼出征，卻都是有去無回。李白終究不能同意安祿山的行徑。

而後世描述李白對安祿山大為搖頭的小說段落，出現在清初的《隋唐演義》裡。生於崇禎年間，成長在清朝初年的蘇州文人褚人穫，就是這部小說的作者。他是個書癡，從小就非常好學，隨著年齡的增長，愈加酷愛讀書。褚人穫一生搜群書而窮祕籍，樂於鑽進書海，學而優卻終身不仕，鎮日埋首學問，著書立說，因此文名甚高。他的代表作之一便是《隋唐演義》，小說第八十三回〈施青目學士識英雄　信赤心番人作藩鎮〉，寫李白一日酒後，偶遇安祿山於朝門外，安祿山欺負他是個成天醉醺醺的人，以為他頭腦不清楚，所以開了一些唐突的玩笑，並且在說話之間，也很不客氣。李白實在氣不過，於是借酒裝瘋，反過來把安祿山痛罵了一頓！這下子徹底惹怒了安祿山，在盛怒之下，安祿山原本要反唇相譏，可是繼而一想，李白現在正是天子寵愛及重視的人，恐怕不能隨便得罪他，因此只好忍住這口氣。而李白也看得出來，若是繼續在宮廷裡待下去，對自己恐怕很不利。「若不早早罷官歸去，必有後禍。」

認清了自己當下的處境以及未來該走的方向，李白毅然決然領了聖旨，旨意中，皇帝許他閒散逍遙出京去。於是他朝著幽燕一路遊覽名山勝景。在任意行遊的過程中，就像小說裡唐玄宗許諾他的：「敕賜李白爲閒散逍遙學士，所到之處，官司支給酒錢，文武官員軍民人等毋得怠慢。」李白這會兒「眞個逢州支鈔，過縣給錢，觸景題詩，隨地飲酒，好不適意」。於是在這個文本裡，作者奠定了李白閒散逍遙、一路豪飲、揮金如土的形象。而這個形象，也爲後世理解盛唐意象時，提供了一個最浪漫的化身。

錢財對李白來說，來得快，也去得快！他在〈上安州裴長史書〉中回憶過往行徑，還給自己打了一個高分：「不逾一年，散金三十餘萬，有落魄公子，悉皆濟之，此則是白之輕財好施也。」

好一個「輕財好施」！將李白自我形塑爲一個在金錢觀念上仗義疏財的人。有趣的是，輕財仗義的人，除了大詩人自己之外，還有《隋唐演義》的作者褚人穫。我們看乾隆三十年重鐫《長洲縣志・卷二十四・人物四》中，記載了一段眞實的故事：「（褚人穫）性康慨好施與。嘗挾三百金從城南暮歸，憩亭井。有夫婦對泣，詢爲官私責所迫，將鬻妻以償。人穫傾橐與之，不足，復家取百金以滿其數。晚歲檢親朋鄉里貸券數百紙，盡焚之。」這位小說家的樂善好施，實在不亞於李白。他只是在路旁看到有一對悲哀的夫妻，因爲欠了官債，必須賣妻。褚人穫便傾囊相授，還不夠，又回家拿，直到湊滿總數爲止。如此慷慨解囊，救人於水火，已是直追李白。更何況他到了晚年，還將鄉里親友的借據都燒光，充分發揮戰國時代孟嘗君門客馮諼的精神。或許他在書寫李白的當下，靈魂深處也曾經不經意地顫動了，也許他已在有意無意間，將詩仙逍遙閒散、一生不做官、視金錢如糞土等精神風貌，與自己的人生價值觀默默地相互疊合，在高度認同與創造性的書寫中，緒人穫實際上是藉由李白的性情來抒發自我的理想。

〈將進酒〉詩云：「千金散盡還復來」，李白又說：「清風朗月不用一錢買」，高人雅士的風致，盡在詩歌情韻裡，而生命中有比物質財貨更高的精神追求，則緒人穫與李太白可謂易地則皆然了。

《隋唐演義》第八十三回〈施青目學士識英雄 信赤心番人作藩鎮〉（節錄）

話說李白被高力士進讒，以致楊妃嗔怪，因此玄宗不復召他到內殿供奉。李白見機，即上疏乞休。玄宗原極愛其才，溫旨慰留，不准休致。李白乃益自放縱於酒，以避嫌怨，其酒友自賀知章以外，又有汝陽王璡、左相李適之以及崔宗之、蘇晉、張旭、焦遂諸人，都好酒豪飲，李白時常同他們往來飲酒。杜工部嘗作〈飲中八仙歌〉云：

知章騎馬似乘船，眼光落井水底眠。汝陽三斗始朝天，道逢曲車口流涎，恨不遣封向酒泉。左相日興費萬殘，飲如長鯨吸百川，銜杯樂聖稱進賢。宗之瀟灑美少年，舉觴白眼望青天，皎如玉樹臨風前。蘇晉長齋繡佛前，醉中往往受逃禪。李白斗酒詩百篇，長安市上酒家眠；天子呼來不上船，自稱臣是酒中仙。張旭三杯草聖傳，脫帽露頂王公前，揮毫落紙如雲煙。焦遂五斗方卓然，高談雄辯驚四筵。

李白日逐與這幾個酒友飲酒吟詩，不覺又在京師混過了幾時。一日酒後，偶遇安祿山於朝門外，安祿山欺他是醉人，言語戲謔，未免唐突。李白乘著酒興，把祿山一場痛罵，祿山十分忿怒，無奈他是天子愛重之人，難以加害，只得含忍。李白自料為女子小人輩所忌，若不早早罷官歸去，必有後禍。又見楊國忠、李林甫等，各自結黨弄權，蠱惑君心，政事日壞。身非諫官，勢不能直言匡救，何取乎備位朝端，因懇懇切切的上了一個辭官乞歸之疏。玄宗知其去志已決，召至御前，面諭道：「卿必欲舍朕而去，未便強留，許卿暫回田里。但卿草詔平番，有功與國，豈可空歸？然朕知卿高雅，必無所需求，卿所不可一日缺者，惟獨酒耳。」遂御筆親寫敕書一道以賜之；其敕略云：

敕賜李白為閒散逍遙學士，所到之處，官司支給酒錢，文武官員軍民人等毋得怠慢。倘遇有事當上奏者，仍聽其具疏奏聞。

李白拜受敕命。玄宗又賜與錦被金帶與名馬安車。李白謝恩辭朝。他本無家眷在京，只有僕從人等。當下收了行裝，別了眾僚友，出京而去。在朝各官，俱設宴於長亭餞送。惟楊國忠、高力士、安祿山三人，懷恨不送。賀知章等數人，直送至百里之外，方分袂而別。李白團聖旨許他閒散逍遙，出京之後，不即還鄉。且只向幽燕一路，但有名山勝景的所在，任意行遊。真個逢州支鈔，過縣給錢，觸景題詩，隨地飲酒，好不適意。

晚明的全民偶像——馮夢龍筆下的「李白」

天寶初，召見金鑾殿，玄宗明皇帝降輦步迎，如見園、綺。論當世務，草答番書，辯如懸河，筆不停輟。

——唐・范傳正〈唐左拾遺翰林學士李公新墓碑並序〉

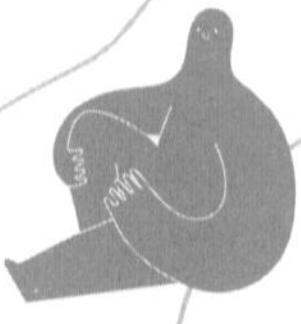

一切都要從李白那雙炯炯明亮的眸子說起。《全唐文》收錄唐代魏顥的〈李翰林集序〉，文中描述李白：「眸子炯然，哆如餓虎。」好特殊的面貌！如此明亮又令人印象深刻的眼睛，會不會是洋人呢？

原來是混血兒。據史料記載，李白出生於安西都護府碎葉城，這是在今天的吉爾吉斯斯坦共和國的托克馬克市。李白的母親是鮮卑貴族，父親則是漢人。而碎葉城在安史之亂前，還納入唐朝的版圖，然而在安史之亂後，那時李白也過世了，唐朝國力衰弱，碎葉城也就脫離了帝國的控制。

既然他有胡人的血統，那麼從范傳正以下，描述李白曾經為唐玄宗「草答番書」的諸多篇幅，大約就有些依據了。范文描繪歷歷，說玄宗見了李白，親自下降迎接。顯然有個故事的影子出現了。因此從他以後，世間開始流傳著李白懂得如鳥獸之跡的番國使書。十九世紀中葉，著名的文字訓詁學家朱駿聲在〈唐李白小傳〉中也曾說道：「召見金鑾殿，論當世務，草答番書，又上宣唐鴻猷一篇，帝嘉之，以七寶床賜食，御手調羹飯焉。」這裡增加了七寶床和御手調羹飯等更加禮遇的情節。而這一段話可能是源自〈李翰林別集序〉，其作者乃是一位著名的文學家，是南唐後主李煜首次開科取士時，列名榜首的樂史，他是撫州（今江西宜黃縣）的第一位狀元，畢生熱愛著述。在描繪李白上金鑾殿的情景時，寫道：「召見金鑾殿。降步輦迎，如見綺、皓。草和番書，思若懸河。帝嘉之，七寶方丈，賜食於前，御手調羹。」

雖然這一段故事未出現於正史，因而存疑。不過前面提到的魏顥在〈李翰林集序〉中也曾說道：「上皇豫遊召白，白時為貴門邀飲，比至半醉，令制〈出師詔〉，不草而成，許中書舍人。」那麼李白就算未曾草答番書，至少也在不用打草稿的情況下，一揮而就，寫了一篇〈出師詔〉。而今天我們所認識的詩仙李白，其實還包括了民間文學家一代又一代所做的形象堆疊，將他形塑成一個飄逸瀟脫、浪漫不羈的仙人形貌。他的故事，一直在民間發展與擴充，從元雜劇到明代的通俗文本，在這些大眾文學場域裡，我們看見了一個越來越清晰的李白。他聲若洪鐘（魏顥形容他「哆如餓虎」），行動有風，我們藉由戲曲和小說因而看得見、摸得著、聽得到他的思想和感情。

說到馮夢龍的《警世通言》第九卷〈李謫仙醉草嚇蠻書〉，其實是蒐羅了歷來所有說法所集中表現的成果。小說寫道：

忽一日，有番使齎國書到。……閤門舍人接得番使國書一道。玄宗敕宣翰林學士，拆開番書，全然不識一字，拜伏金階啓奏：此書皆是鳥獸之跡，臣等學識淺短，不識一字。

玄宗又讓楊國忠看，他也一字不識，再傳示滿朝文武官員，竟無一人認識番書的字，玄宗爲此大怒！而賀知章就是在這樣的情況下，順勢推薦了博學多才的李白。因此，小說裡也有李白上金鑾殿的情景，並且寫得更有畫面感：

李白至金階拜舞，山呼謝恩，躬身而立。天子一見李白，如貧得寶，如暗得燈，如饑得食，如旱得雲。

小說對唐玄宗情狀的描述，自然是不太符合事實，但是作爲大眾文學和通俗文本，這樣的書寫，顯然是爲了符合讀者們的期待，是一種集體潛意識願望的展現。李白上殿後，立刻認得這是渤海國文字，於是即席翻譯道：

渤海國大可毒書達唐朝官家。自你占了高麗，與俺國逼近，邊兵屢屢侵犯吾界，想出自官家之意。俺如今不可耐者，差官來講，可將高麗一百七十六城，讓與俺國，俺有好物事相送：太白山之菟、南海之昆布、栅城之鼓、扶餘之鹿、鄚頡之豕、率賓之馬、沃州之綿、湄沱河之鯽、九都之李、樂遊之梨。你官家都有分。若還不肯，俺起兵來廝殺，且看那家勝敗。

從這段文字中，我們可以想像作者著力將李白塑造成爲一個語言能力極強而且見識很廣的人，因此能夠既快速又流暢的將上述書信的內容現場翻譯出來。這麼聰明的李白，其實也是被讀者大眾所期待出來的。只是這樣還不夠，他還要再展現更多的國際知識，才能夠成爲明代的全民偶像！於是小說家讓李白進一步告訴玄宗皇帝：

李白奏道：「臣啓陛下，此事不勞聖慮，來日宣番使入朝，臣當面回答番書，與他一般字跡，書中言語，羞辱番家，須要番國可毒拱手來降。」

天子問：「可毒何人也？」

李白奏道：「渤海風俗，稱其王曰可毒。猶回紇稱可汗，吐番稱贊普，六詔稱詔，訶陵稱悉莫威，各從其俗。」

這麼一番解釋以及打包票，已足以打敗管理外交的鴻臚寺主事們。李白甚至於提出讓右相楊國忠爲他磨墨，太尉高力士幫他脫靴，然後神奇威風地舉起左手將鬚一拂，右手拿著中山兔穎，向五花箋上，手不停揮，須臾之間，草就了一篇〈嚇蠻書〉。這時小說家將鏡頭聚焦在這份外交文件上，但見：「字畫齊整，並無差落。」然後，再讓我們看見皇帝與眾臣的表情：「天子看了大驚，都是照樣番書，一字不識。傳與百官看了，各各駭然。」

讀者們彷彿看見了，李白得意洋洋地又將這份「天書」即席轉換成漢語，朗誦給玄宗聽：

大唐開元皇帝，詔諭渤海可毒：「自昔石卵不敵，蛇龍不鬥。本朝應運開天，撫有四海，將勇卒精，甲堅兵銳。頡利背盟而被擒，弄贊鑄鵝而納誓；新羅奏織錦之頌，天竺致能言之鳥，波斯獻捕鼠之蛇，拂菻進曳馬之狗；白鸚鵡來自訶陵，夜光珠貢于林邑；骨利幹有名馬之納，泥婆羅有良酢之獻。無非畏威懷德，買靜求安。高麗拒命，天討再加，傳世九百，一朝殄滅，豈非逆天之咎徵，衡大之明鑒與！況爾海外小邦，高麗附國，比之中國，不過一郡，士馬芻糧，萬分不及。若螳怒是逞，鵝驕不遜，天兵一下，千里流血，君同頡利之俘，國爲高麗之續。方今聖度汪洋，恕爾狂悖，急宜悔禍，勤修歲事，毋取誅僇，爲四夷笑。爾其三思哉！故諭。」

這篇洋洋灑灑的上諭，容或就是出自晚明文人的手筆。他們其實是屢考科舉不中，落魄奔走，散澹江湖又頗有才氣的文人。雖然淪落到坐館、編書、寫小說維生，但是讀者們看得實在開心！透過他們的文字，閱讀大眾在心目中幻化出一個光彩熠熠的李太白。而這些大量出現在明朝的民間文人，也可以藉由翻轉李白的命運，彌補自己胸中的遺憾。因此在補償心理的作用下，不僅讓李白在楊國忠和高力士的面前爭回一口氣，還讓他在帝國中心的國際舞臺上好好地露了臉！最後，爲了表現自己不在乎功名利祿，瞧不起科舉仕途，於是明代的作家讓李白揮一揮衣袖，不帶走一片雲彩。

> 李白啓奏：「臣不願受職，願得逍遙散誕，供奉御前，如漢東方朔故事。」
> 天子道：「卿既不受職，朕所有黃金白璧、奇珍異寶，惟卿所好。」
> 李白奏道：「臣亦不願受金玉，願得從陛下遊幸，日飲美酒三千觴，足矣！」
> 天子知李白清高……。

文人塑造文人，頗有自我投射的心理。於是李白的清高，其實也就是馮夢龍等人的清高了。

日往月來，不覺一載。忽一日，有番使齎國書到。朝廷差使命急宣賀內翰陪接番使，在館驛安下。次日閤門舍人接得番使國書一道。玄宗敕宣翰林學士，拆開番書，全然不識一字，拜伏金階啟奏：「此書皆是鳥獸之跡，臣等學識淺短，不識一字。」天子聞奏，將與南省試官楊國忠開讀。楊國忠開看，雙目如盲，亦不曉得。天子宣問滿朝文武，並無一人曉得，不知書上有何吉凶言語。龍顏大怒，喝罵朝臣：「枉有許多文武，並無一個飽學之士與朕分憂。此書識不得，將何回答發落番使？卻被番邦笑恥，欺侮南朝，必動干戈，來侵邊界，如之奈何！敕限三日，若無人識此番書，一概停俸；六日無人，一概停職；九日無人，一概問罪。別選賢良，共扶社稷。」聖旨一出，諸官默默無言，再無一人敢奏。天子轉添煩惱。

賀內翰朝散回家，將此事述於李白。白微微冷笑：「可惜我李某去年不曾及第為官，不得與天子分憂。」賀內翰大驚道：「想必賢弟博學多能，辨識番書，下官當於駕前保奏。」次日，賀知章入朝，越班奏道：「臣啟陛下，臣家有一秀才，姓李名白，博學多能。要辨番書，非此人不可。」天子准奏，即遣使命齎詔前去內翰宅中，宣取李白。李白告天使道：「臣乃遠方布衣，無才無識，今朝中有許多官僚，都是飽學之儒，何必問及草莽？臣下敢奉詔，恐得罪於朝貴。」說這句「恐得罪於朝貴」，隱隱刺著楊、高二人，使命回奏。天子初問賀知章：「李白不肯奉詔，其意云何？」知章奏道：「臣知李白文章蓋世，學問驚人。只為去年試場中，被試官屈批了卷子，羞搶出門，今日教他白衣入朝，有愧於心。乞陛下賜以恩典，遣一位大臣再往，必然奉詔。」玄宗道：「依卿所奏。欽賜李白進士及第，著紫袍金帶，紗帽象簡見駕。就煩卿自往迎取，卿不可辭！」

再添一筆傳奇！——李白撫摸碑文

鴛鴦蝴蝶派代表作家許嘯天，在清末，曾經追隨女俠秋瑾從事反清革命行動。又在秋瑾案爆發後，被迫四處飄零。到了五四運動前後，許嘯天開始投身到現代話劇劇場從事編劇，他不僅成立了工會，也創辦雜誌，對於新形式戲劇文類的開拓，很有貢獻。同時他也發展歷史、宮闈、武俠等小說創作，同爲鴛蝴派的代表作家周瘦鵑曾經讚賞他的小說：「不亞於《水滸》、《三國》諸巨作。」

許嘯天既創作戲劇，又書寫歷史演義等小說，而且創作量甚大！他以市民大眾所熟悉的白話文，鋪寫長篇敘事，連載於報刊，而且內容既浪漫又通俗，因爲具有這些特色，於是讓他贏得了「有大仲馬之志」的美稱。

這位量產型的中國大仲馬，一旦落筆講述李白的故事，又會說出怎樣的華麗篇章呢？從唐朝的范傳正到明代的馮夢龍，由史入文，已經讓我們看到了李白的語言天分，尤其是外語能力，以

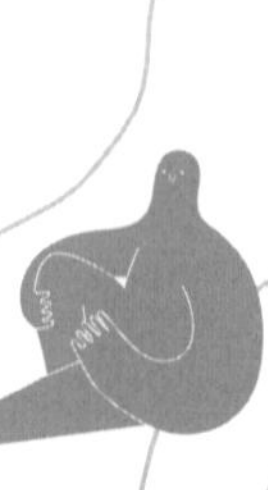

及文學創作實力。這位大詩人的形象，乃於一代又一代的文人進行了層層皴染之後，最終達到了立體整全的藝術效果，那是一個動態的李白，彷彿會唱會笑，呼之欲出。

而李白的形塑工程，接著就進入到晚清以及民國初年，我們可以進一步來看看許嘯天的《唐宮二十朝演義》，這是在西元一九二八年寫就的。小說第五十七回〈楊玉環醉排風流陣　李太白狂草訓蠻書〉，作者先寫玄宗每日在宮中與楊貴妃嬉戲，同時召集了一班文學之士，在御苑中吟詠爲樂。這樣就爲李白的登場，預做了鋪墊。

然後，許嘯天將場景拉到四川，讓我們看看這位青蓮居士有哪些過人之處？在這部小說裡，有個有別於以往的橋段，就是讓李白閉上眼睛撫摸碑文，然後我們看到他就像展演特技一般，能夠迅速地辨識文字，並且同時將整座碑林一字不差地背誦下來。人都說「一目十行」，又說「過目不忘」，可是在這裡，李白卻展現了「過手不忘」的特殊才能：

（李白）天資十分聰明，能辨識蝌蚪古字。用手撫摸著碑文，倒讀著很快，好似讀熟的一般。當時有嶺南知州官名毛榆桑的，自以謂文章優勝，後來與李白相見，二人共觀碑文六十餘座，每座約數百字。毛榆桑只能背誦一二篇，還是十分生澀的；李太白卻能完全背誦碑文六十餘座，從首至尾背誦得很快，一字不誤。毛榆桑見了，大驚道：「此仙才也，吾如何可及！」

毛榆桑這個對照組，也許就是一個杜撰的人物，但是我們看得出來，作者顯然是要爲李白的「謫仙」形象，再上一層亮眼的點染，以這個「手識碑文」的有趣故事，來加強賀知章的說法，爲這位仙氣飄飄的大唐詩人，又一賦采。我們看小說家寫道：

> 後李太白至京師，與賀知章相遇，知章讀太白之文，嘆道：「此謫仙才也，人間無此妙文！」

而這個「以手撫摸碑文」來閱讀，又讚嘆其爲「妙文」的故事，乍看之下，好像是許嘯天突如其來、妙手偶得之趣味故事，然而我以爲其靈感可能源自東漢文人蔡邕的事蹟。因爲蔡邕有鑑於當時儒家經籍在輾轉傳抄之後，多出現謬誤，於是他在熹平四年「奏求正定六經文字，靈帝許之」。他先將校訂後的典籍內容寫在石碑上，再讓工匠鐫刻。在歷時九年之後，共刻成四十六個石碑，內容包括：《易經》、《論語》、《尚書》、《春秋》、《公羊》、《魯詩》和《儀禮》等經典。於是毛榆桑、李白「二人共觀碑文六十餘座，每座約數百字」的故事情節，便很容易令人聯想起這段蔡邕撰、刻碑文的史實。

其實早在熹平石經之前二十多年，蔡邕已經展現出他對於碑文的高度興趣與熱忱。當時青年才子邯鄲淳書寫了著名的曹娥碑。那年他才剛剛弱冠，但卻彷佛已是文壇老將，但見他從容地拿起筆來，略爲沉吟，便一揮而就，引得在一旁觀看的人，無不讚嘆！大家都說：「碑以載孝，孝以文揚。」

蔡邕當時聽說了這個消息，漏夜前來觀看，因光線不足，所以「手摸碑文而讀」，通篇讀完之後，便提了八個字在石碑的背後：「黃絹幼婦，外孫齏臼。」這就是所謂的「絕妙好辭」了。而以手摸碑文來閱讀，並且稱讚其爲絕妙好辭，這樣的故事情節，可能又被許嘯天所汲取，成爲他形塑李白形象的泉源。因此他也描述道：李白「手撫摸著碑文，倒讀著很快，好似讀熟的一般」。並且他的詩文也爲大師所嘆服，聲稱：「人間無此妙文」！此處的「人間妙文」與上述的「絕妙好辭」，不也神似？

我們要領悟許嘯天的改寫與創作，並且循繹出其背後的故事源頭，可能需要摸索一段時間。就好像在《世說新語‧捷悟》裡，曹操思索出「黃絹幼婦，外孫齏臼」的意思之後，只能慚愧地對楊修說：「我才不及卿，乃覺三十里。」

鴛鴦蝴蝶派的作家在「五四」之後，依然堅持以章回體爬梳歷史演義，到了許嘯天這一代，應該屬於殿軍之作了。在古典小說走到尾聲的時候，除非是熟悉古書的人，飽讀多少歷史掌故，又能以如椽之筆轉化古今於無形之中，否則誰能爲李白再添一筆傳奇？

當時，有詩人杜甫，深得玄宗契重。杜甫字子美，世居杜陵，家世清貧。後中進士，詩名傳四海。玄宗皇帝讀杜甫所作賦，稱為奇才，拜為集賢院主。後賀知章又薦李太白，玄宗讀李白所作詩，嘆為李杜雙絕，拜李白為供奉翰林。

玄宗尤愛李白之詩，時時傳入內宮去，飲宴吟詠。玄宗賜李翰林食，親為調羹。李白又時喜入市沽飲，每有宣召，太監們便騎馬至長安市上四處找尋，見李翰林當門與屠賈爭，飲已大醉，太監急以水噴面使醒，扶至馬上，送入內廷。見玄宗時，衣冠不整，玄宗笑扶之醒。楊貴妃制〈清平樂〉曲，尚無詞句，玄宗命李白依譜填詞。

李白乘醉在玉箋上寫成〈清平調〉三闋，道：

雲想衣裳花想容，春風拂檻露華濃；若非群玉山頭見，會向瑤臺月下逢！
一枝紅艷露凝香，雲雨巫山枉斷腸；借問漢家誰得似？可憐飛燕倚新妝！
名花傾國兩相歡，長得君王帶笑看；解釋春風無限恨，沉香亭北倚闌干！

李白在大鯨魚的肚子裡
——丁耀亢《化人遊》

當《金瓶梅》裡的諸多人物，通過輪迴，再度來到人間，便出現了《續金瓶梅》。就如同《紅樓夢》有將近二十種重要的續書一般，《金瓶梅》也有三種爲學界所重視的續書：《續金瓶梅》、《金屋夢》與《隔簾花影》。其中《續金瓶梅》的作者丁耀亢，他的父親丁惟寧與祖父丁純，正是學界認定的《金瓶梅》作者之一。雖然這部書的終極關懷在於勸善與戒色，不過丁耀亢晚年還是爲了這本書而陷入牢獄之災。康熙四年，他被捕入獄，幾經周旋，出獄之後，得知此書已被焚毀，痛苦不堪的丁耀亢於康熙八年隆冬病逝了。

雖然《續金瓶梅》的故事背景放在北宋亡於金人的時間點上，然而聰明人都看得出來，作者眞實的創作意圖是在影射明清易幟，並且很委曲地表達自己心中的悲切。而且這才是他坐牢的眞正原因。亦即丁耀亢寫金兵南下，鐵蹄所到之處，蹂躪漢人的淒慘狀況，實際上也就是反映出他對於清政權的不滿與反諷。不過整體而言，《續金瓶梅》全書與《太上感應篇》相呼應，其實也

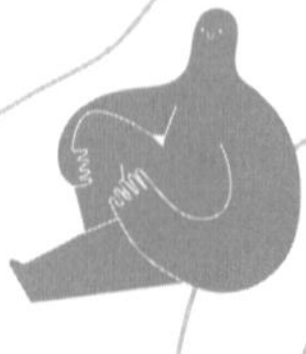

可以看作是丁耀亢的修道之書。這樣我們就點出了丁氏文學的兩大主張：一是對黑暗政治的抨擊；二是將寫作視爲精神上的出世與修行。

針對後者，我們今天要談談丁耀亢的劇本《化人遊》。在談此劇之前，我們得先看看《列子·周穆王》，它的故事是這麼說的：有一個人從最最西方的國家來到了中國。他是一個「化人」，法力無邊，不僅能夠讓整座城市漂浮起來，飛到另一個地方去，他自己還可以水裡來火裡去，穿過銅牆鐵壁，這些都是家常小事。總而言之，此人變化無窮，因此稱爲「化人」。

有一天，化人去見周穆王，並且參觀了宮殿，可是他卻表現得十分失望，他說周穆王的宮殿又小又窄，飲食很差，所謂的宮娥也都不怎麼好看。於是他決定帶周穆王騰雲駕霧到天上，品嚐人間所沒有的美食，經歷世上找不到的享樂。結果周穆王果然在雲端過著極端愜意的美好生活，幾乎樂不思蜀！而且當他低頭看著下界自己的宮殿時，感覺就像是看到一堆破磚頭。然而，過了一段時間之後，周穆王逐漸感覺到自己眼花繚亂，不僅嚴重耳鳴，而且心裡也不能平靜，於是他要求化人帶他回家。當他終於回到人間，整個人突然驚醒，才發現自己其實只是打了一個盹兒。

丁耀亢依循著列子的理路，寫出了劇本《化人遊》。所不同的是，他並非想要飛上天，而是讓男主人公突破現實生活，投入大海，結果竟然被鯨魚吞入腹中，並於此間見到了他畢生的偶像：屈原、曹植、李白、杜甫等人，經歷了所有的夢幻時光與驚濤駭浪等生死關頭，最終回到岸上，清醒地意識到萬般皆空，當然他也就頓悟了。

作者在序文裡說道：「托之於汗漫離奇狂遊異變，而實非汗漫離奇狂遊異變也。知者以爲漆園也，離騷也，禪宗道藏語錄也，太史公自敘也。斯可與化人遊矣。」所以他的自我要求是以奇幻主題來抒發心志，一如莊子、屈原、司馬遷等人，可知其寫作態度仍然是嚴肅的。

此外，這齣戲裡的男主人公何皋，容或就是丁耀亢本人的寫照，那麼作家本人究竟擁有的是怎樣的胸襟與懷抱呢？我很喜歡他在序文中所寫下的這段話：「胸中有此副本領，便是淵明乞食、眞卿借米、杜陵未到彭衙時。索盤餐不可得，不能禁吾遊之不暢也。文詞奇幻，選艷徵豪，驚心動魄，遂令青鞋布襪與十洲平分千古……。」作家立志要以奇幻的辭藻、令人驚心動魄的想像力，讓讀者與他一同馳騁在超時空的文學世界裡，而且九死不悔，造次必於是，顚沛必於是。他的這份堅持，自己也說得很清楚：「生來志不猶人，氣能蓋世。」

至於何皋在鯨魚的肚子裡所見到的李白應該是什麼樣子的呢？丁耀亢說：

李太白　唐人。翰林學士。以詩名。宜白面，長髯，唐進士巾，宮錦袍。扮小生。

相較於屈原和杜甫二位文人的造型都是老生，在丁耀亢及世人的心目中，李白似乎是永遠的倜儻小生。

話說當日何皋乘船出海，不久之後，怒濤洶湧！天空雷鳴電閃，十分駭人！此時巨大的鯨魚出現了。「鯨魚用口吸舟，生又且前且卻科」，在舞臺上，何皋前伏後仰，看來確實驚險萬狀！不過情勢由不得他，最後還是給呑進入了魚腹中。「生大叫上天好黑也，天好黑也！適見一陣雲來，只見浪黑天昏，星斗俱滅。小生不覺流落此地，既失仙舟，又墮暗劫……。」何皋不知幾時能再見天日，心中只叫苦！這一場浩劫，其實源自眾仙的試煉：「〈小生扮曹、劉、李、杜，末扮方朔、陸羽，淨扮易牙上〉眾仙奉旨點化仙舟，須索走一遭也。」

不過我們這位男主人公也像作家本人一樣，善於靜心養息，一旦平靜下來之後，就可以做到幾乎萬物百毒不侵地步。因此連魚骨大王千方百計要害他，最後也只能臣服在他的道行之下。

「靜息一回，不免在此趺坐。〈坐睡科〉〈丑扮劍士上〉俺奉魚骨大王之令，來刺何生。只見他金光圍繞，白虹外護，從何下手？不免將劍插入骨中，看他法力。〈用劍遍刺科〉呀，只見魚腸寶劍段段化為蓮花，此人道果成也。不免跪拜。」丁耀亢的書寫無論是《續金瓶梅》，抑或是《化人遊》，其實他所關心的，念茲在茲的，仍然是內在的調息養氣，並藉由文學創作來提升自我的精神境界與對自由的追求。在這個基礎上，如果有需要與外界交接，與朋友聯誼，那麼他的選取也會是非常挑剔的。他首先選擇交往的對象是屈原。「自居此中，最苦無友。既能同往，便請先驅，共賦〈離騷〉，以消孤寂。正是：風厚未能持九萬，波深且日弔三閭。」

其次就是詩仙李白。在《化人遊》第九出〈龍會仙筵〉裡，我們可以看到丁耀亢心目中的李白不僅才華洋溢、學富五車，而且還是個能夠插科打諢的幽默才子，他與大鯨魚類似說相聲一般，說學逗唱，使人忍俊不住，僅就這一點來看，鯨魚肚子裡的這位李白，則又與馮夢龍等同時代作家作品裡的形象，拉開了相當的距離。

〔末向生下〕李先生千古才名，今日此會，不可無詩。請一詩留鎮水府。
〔淨〕俺老鯨自從脫骨換胎，也曾吞得幾個酸子，學了兩句油腔，斗膽請教，免笑何如？〔生〕使得。

原來眞正想請求李先生賜教的，竟然是大鯨魚！在李白的同意之下，大鯨魚將自己做的詩念出來了：「百尺深潭萬丈龍。」李白只聽得第一句，立刻覺得不對勁，反問道：「這等十丈小潭，如何容得萬丈龍？欠通些。」而大鯨魚的回答，卻是具有極高的諷刺意味：「如今世上，哪有寬容地方？李先生詩說『白髮三千丈』，如今哪裡覓來？況這龍是會變化的，還有九千九百九十丈在半天上，也說得去。」大鯨魚連李白都調侃了，可見文學世界裡，經常出現誇飾的筆法，或有不合邏輯之處，那也就無須計較了。於是李白要大鯨魚繼續往下念：「轟雷掣電下天宮。」聽見這一句，李白立即評論道：「太雄豪了！」鯨魚兄也頗爲得意，他說：「我是李滄溟派，專講氣格。」李滄溟是明代嘉靖年間的進士李攀龍，他也是當時詩壇著名的後七子之首。大鯨魚說他的這一句詩，學得就是李滄溟，但是後面的詩句，他得換個人學習了。這就是在詩仙的面前炫耀自己可以摹寫不同風格的作品。「待我學竟陵派續完。〔吟科〕而今青海成黃土，做個泥鰍樂在中。」竟陵派是晚明小品文的重要流派，這些作家主張「獨抒性靈」，那大鯨魚口口聲聲說要學竟陵派，殊不知竟陵詩人是最反對仿摹的。

不過李白也不同意這樣風格迥異的拼湊句子：「如何忽然自小，首尾不稱了？」那大鯨魚又講出了諷刺世道的話來：「先生不知：如今都是先大後小。這是隨緣度日，就水和泥。請教請教！」李白大約是面對晚明的社會，感到無奈吧！既然大家都和稀泥，個人也值得隨波逐流了。於是他問大鯨魚，要我作詩也可以，出個題目吧。那大鯨魚便出題了：「請以明月爲題。」「〔生吟科〕明月幾時有？把酒問青天。不知天上月，今夕是何年？起舞弄清影，何似在人間。」大鯨魚聽了，立刻叫好：「好詩好詩！可惜被蘇東坡抄去了。」戲看到這裡，想必臺下的觀眾都笑了！這齣戲的科諢效果很好，觀眾掌聲如雷！劇終時，大鯨魚十分滿意，於是出手打賞：「可送珊瑚百樹，明珠一斗，冰綃龍錦千端，與眾仙權作抽豐，不堪爲禮。」

「千金散盡還復來！」李白這回又得到了巨額的財富，只不過不是唐玄宗所賞賜，而是大鯨魚的厚禮！

《化人遊》第九出〈龍會仙筵〉（節選）

何生魚腹中本領，卻被老鯨插科演出。太白明月一詩，又得老鯨幫襯。乃知吞舟一案，大是慈悲接引，真堪為太白騎之而游天上矣。良友，良友！鐘一士評

一壺濁酒喜相逢——三大詩仙隔代對話

我記得念博士班的時候，修了古典詩學。老師有好幾次都在課堂上問我們：有誰能夠舉出一首描寫心情快樂的古典詩，這學期的成績就是九十分！我當時對老師說：「杜甫在〈聞官軍收河南河北〉有：『卻看妻子愁何在？漫捲詩書喜欲狂』之句。」沒想到，老師問我：「還能不能再找出一首？」我有一點驚詫！他剛剛明明說，能舉出一首，就是九十分了，怎麼現在還要一首？

我們當然明白，老師說話的主旨是在告訴我們，古典詩裡絕大多數的作品是在表現哀傷的情調，甚至於悲切的情緒！也唯有這些沉痛的悲吟，能夠堆疊出文字的力量，敲響讀者心中的共鳴。因此我們很少很少見到心情舒暢愉快的詩歌。只不過，這類的詩，雖然很少，但還是有的，而且都出自名家的手筆。這大約也是因爲唯有大詩人才有這樣的筆力，寫出與悲愴情感同樣震撼人心的快樂情緒。於是我又想到了一首詩，便是李白的〈早發白帝城〉：「朝辭白帝彩雲間，千里江陵一日還。兩岸猿聲啼不住，輕舟已過萬重山。」

李白本是個樂觀的人，而且一向對生活抱持著熱情。唐肅宗乾元二年（西元七五九年）的春

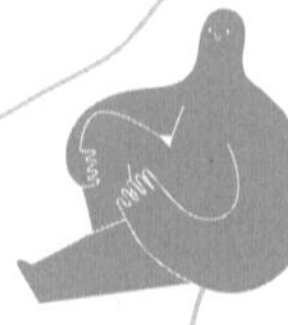

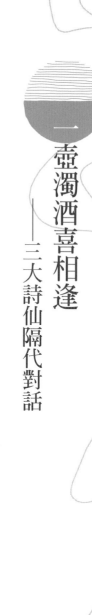

天，李白因永王李璘案而流放夜郎，當他走到四川，在長江北岸的瞿塘峽口，忽然聽到赦免的消息，心中驚喜萬分，並即刻乘舟東下江陵。那時候正是清晨，白帝城掩映著朦朧的雲霧之中。江陵雖在千里之外，但以此輕快的速度，大約一日的時間可以到達。聽著兩岸猿猴啼鳴，那輕便的小舟航行在大江之上，這速度已經傳達了詩人愉悅的心情。

這首詩到了明代，爲大才子楊升庵所讚賞，他在讀詩的過程中，彷彿見到了李白當日心情愉快地乘船的場景。《升庵詩話》評曰：「白帝至江陵，春水盛時，行舟朝發夕至，雲飛鳥逝，不是過也。太白述之爲韻語，驚風雨而泣鬼神矣。」可知快樂的題材中，也不乏好文章！而對於楊愼（字升庵），我們不應該陌生，因爲著名的《三國演義》，通部開頭的那一闋〈臨江仙〉：

滾滾長江東逝水，浪花淘盡英雄。是非成敗轉頭空。青山依舊在，幾度夕陽紅。白髮漁樵江渚上，慣看秋月春風。一壺濁酒喜相逢。古今多少事，都付笑談中。

就是楊愼塡寫的。這闋詞呈現了多少人世的滄桑、個人的感懷，以及豁達曠放的心態，俱都是楊愼的夫子自道。現代史學家、古典文學研究專家陳寅恪曾指出，楊愼是有明一朝最有才華的狀元。是的，楊愼是正德年間的狀元。有趣的是，在文學史上，他也位列仙班，因此與李白、蘇東坡一樣，被稱為「仙」。李白「謫仙」的稱號，源自賀知章的話：「公非人世之人，可不是太白星精耶？」當然還有杜甫的一首詩：「李白斗酒詩百篇，長安市上酒家眠。天子呼來不上船，自稱臣是酒中仙。」

至於蘇軾的「坡仙」之名，不僅來自他是繼李白之後，中國最偉大的浪漫詩人，同時東坡本人因曾經擔任過翰林學士，晚年又好修道，於是自號「玉堂仙」。再者，我們可以看到南宋張端義在《貴耳集》中，寫了一個故事：宋徽宗於寶籙宮設道場，有一位道士伏地跪拜良久，宋徽宗問他何故？道士說：「我遇見了天上的神仙。而且他生前也是本朝中人。」徽宗追問：「是誰？」道士答曰：「蘇軾也。」從此以後，蘇軾成仙的傳說，不脛而走。其實這樣的不經之談，也可以視為民間百姓對於東坡的仰望與敬愛。

至於楊慎被稱為「戍仙」，乃是出自李贄的《續焚書》。李贄一生不受傳統儒家思想的約束，其言行多帶有反傳統的含義。他早年出入於陽明學與佛學。晚年出家，但是不受戒，不與眾僧一同誦經。而且他有嚴重的潔癖和強迫症，他會一直掃地，掃到旁人看不下去，一湧上來，搶走他的掃帚。李贄最有名的著作除了《焚書》之外，還有《童心說》、批點《西廂》與評點《水滸傳》等。這樣一位具有獨特思想以及處處特立獨行的文人，看來是不輕易讚許他人的，但是他卻十分推崇楊慎：「升庵先生固是才學卓越，人品俊偉，然得弟讀之，益光彩煥發，流光百世也。岷江不出人則已，一出人則為李謫仙、蘇坡仙、楊戍仙，為唐代、宋代並我朝特出，可怪也哉！」可悲的是，李贄七十六歲時被彈劾下獄，罪名是「敢倡亂道，惑世誣民」，而且他的著作也被焚毀。他在獄中搶奪剃髮侍者的剃刀割喉，兩天後才氣絕身亡，而東廠、錦衣衛則聲稱他是絕食而死。

李贄生前推崇楊愼爲「戍仙」，他自己死後，竟也爲家鄉泉州百姓供奉爲神仙，稱爲「溫陵先師」。在這一群仙氣飄飄的文人群體中，楊愼被稱爲戍仙是因爲他的別號叫做「滇南戍史」。戍，有貶謫去防守邊關的意思。這是因爲在明嘉靖三年，出現了「大禮議」事件，楊愼因反對世宗尊生父朱祐杬爲睿宗獻皇帝，並祔於太廟，因而受廷杖，遠遠謫戍雲南，並且在那裡終老。

於是我們說，三位文學世界裡的詩仙，李白被流放夜郎，東坡一貶再貶，直至儋州，楊愼則遠戍雲南。身爲仙人的政治生涯都很坎坷，李白在流放的路途中，寫下了〈與史郎中欽聽黃鶴樓上吹笛〉：「一爲遷客去長沙，西望長安不見家。黃鶴樓中吹玉笛，江城五月落梅花。」詩人途經武昌黃鶴樓，聽見吹笛聲，那曲子是「梅花落」，聽著聽著內心哀傷，彷彿在五月的江邊，看見了一片白茫茫的梅花。這首詩於是給人一股微微的寒意，可以想見李白的心情慘淡。而當我們讀到蘇東坡在晚年寫下：「身似已灰之木，心如不繫之舟，問汝平生功業，黃州惠州儋州。」那時我們每個人的心裡也很慘淡。

前面我們說楊愼很欣賞李白的詩，他甚至研究了李白詩句脫胎自何處，太白有句：「風動荷花水殿香。」楊愼便指出此句源自南朝徐陵的詩：「竹密山齋冷，荷開水殿香。」同時，楊愼也喜愛蘇東坡的詩，他在《升庵詩話》中指出東坡詩云：「種稻清明前，樂事我能數。毛空暗春澤，針水聞好語。分秧及初夏，漸喜風葉舉……。」這首詩描寫的是農家從清明到秋收的生活樂趣，他本人很能體會。而事實上，東坡當年作這組詩的時候，其景況是窘迫而難堪的。那時他被貶到黃州已經兩年了，兩年來，他一直過著很匱乏的生活，好朋友馬正卿看他缺衣乏食，所以幫他找到一塊舊營地，大約十畝，讓東坡得以過躬耕的生活。但是這塊土地很貧瘠，當時又遇到乾旱，許久未下雨，所以東坡說他已經筋疲力盡了！雖然這組詩就是在這樣艱困的處境中寫下來的，然而詩句一開頭竟然說道：「樂事我能數」，則東坡的樂天精神又不得不叫我們感動！

蘇軾在貶謫地以苦爲樂，那麼楊愼遠戍雲南的時候，又做了些什麼呢？明代有一本雜劇，名爲《簪花髻》，故事就是寫楊愼貶謫到雲南之後所發生的古怪事情。其中最古怪的是，楊愼玩起了男扮女裝的遊戲！

說起這本雜劇的作者沈自徵，那又是一個慘淡的故事。沈自徵是才女葉小鸞的舅舅。晚明有一部非常特殊的女性文學合輯，稱爲《午夢堂集》，那是吳江葉紹袁精心編輯了自己、妻子，還有五個女兒，以及親族名媛的詩文創作所出版的女性文學合集。其中葉小鸞是家中的三女，自小過繼給舅舅沈自徵，但是後來兩家交惡，小鸞返回葉家之後早夭，使得沈自徵看盡人情世態，竟然決定遠赴塞外，而且發誓永不返鄉！因此他寫《簪花髻》一劇，爬梳楊愼遠戍邊地時所產生的奇特心境，其實也正是在書寫自己內心的不平靜。而且明人雜劇與元代雜劇的風格很不相同，基本上，明人所寫的劇本是爲了給自己看的，有自娛的性質；不似元雜劇是娛樂他人的大眾文本。因此明雜劇在修辭上更加細膩考究，而且文風典雅，同時也不再需要四折一部，僅一折一部，能以他人酒杯澆自己胸中塊壘，也就足夠了。

這部雜劇描寫一位堂堂的狀元，曾經做過翰林院修撰，現在謫戍邊疆，竟然在大街上挽髻戴花，塗脂穿裙，男扮女裝，並以這樣的裝飾和打扮，登上講壇給學生講課，他的行爲實在頗堪玩味……。

我們從李謫仙、蘇坡仙談到楊戍仙，中間還帶出了李卓吾、沈自徵等行止獨特的文人。李、沈二人是在楊愼的身上看到了自己的心靈；而楊愼則是讚嘆李白的文字足以「驚風雨而泣鬼神矣」，又佩服蘇東坡在苦難的生活中找尋快樂的本領。可見文人並不一定相輕，也有相愛的人，縱使隔著悠遠的朝代，也能藉由詩文得到溫暖與認同。

此刻我也終於體會，心情和暢的詩歌，其實是源自詩人一生數不盡的辛酸與坎坷，才造就了他們放浪形骸、詩酒歡樂的特殊情調，李白說：「人生得意須盡歡，莫使金樽空對月」，他的狂醉，看似灑脫，其實也深藏著無限的孤獨。如今看來，還是唐朝白居易說得對：「賈誼哭時事，阮籍哭路岐。唐生今亦哭，異代同其悲。」還有杜甫也說過：「悵望千秋一灑淚，蕭條異代不同時。」即使不同時代的人，也可能流著相同的眼淚。

太白詩：「天山三丈雪，豈是遠行時。」又云：「水國秋風夜，殊非遠別時。」「豈是」「殊非」，變幻二字，愈出愈奇。孟蜀韓琮詩：「晚日低霞綺，晴山遠畫眉。青青河畔草，不是望鄉時。」亦祖太白句法。

太白用徐陵詩：「竹密山齋冷，荷開水殿香。」太白詩：「風動荷花水殿香。」全用其語。

蘇東坡詩八首，大率皆田中語，其第四首云「種稻清明前，樂事我能數。毛空暗春澤，針水聞好語。分秧及初夏，漸喜風葉舉。月明看露上，一一珠垂縷。秋來霜穗重，顛倒相撐拄。但聞畦壟間，蚱蜢如風雨。新春便入甑，玉粒照筐筥」云云。此詩敘田家自清明至成熟，曲盡其趣。注未能盡發其妙，今補之於後。「漸喜風葉舉」，秧初立苗後，得風則長。《呂氏春秋》所謂「禾心中央，疏為冷風」是也。

與李白較勁！——王安石的抨擊

當我還在學校念書的時候，碩士論文主要是研究接受美學這個課題。上個世紀中期，德國的文學美學家姚斯與伊澤爾等人提出：作品是被讀者閱讀與創造出來的文本。而文學與藝術作品的被接受，不是僅僅看消費指數，更重要的是讀者與閱聽眾所表示的贊同或拒絕。於是學者們開始重視讀者這一個環節，看他們如何以自己的經驗與觀念來衡量作品，又或是讀者願意修正自己既有的成見來接受作品，這樣也會成爲值得考察的文學現象。總之，文學與藝術作品很可能會在不同讀者的閱讀過程中，產生各種正反面的詮釋與評價。就如同世人都稱讚李白，但也有些文人會從不同的角度，狠狠地抨擊他。

當我們回顧宋代文人對唐朝李白的評價時，發現了一些很負面的聲音，原來在大家習慣了將李白捧爲詩仙的高度欣賞浪潮中，其實還隱藏著另一股微弱的細流，那是某些讀者以自己有別於他人的道德觀、文學觀與價值觀來審視李白，結果就會發出迥異於一般的評論。這種現象，從接受美學的角度來看，也非常合理。而且更加突顯了在文學研究的領域裡，除了作者的創作意圖外，讀者的心態與思維，其實也很値得我們去分析與評判。

在這個議題的探索之下，我發現了一本書，那是北宋何薳的《春渚紀聞》，此書見於清代文淵閣四庫全書。它的內容很有趣！尤其是第六卷，除了提到宋人對李白的看法之外，還記錄了許多蘇東坡的事跡，而且這些故事和作者所引用的詩文，很多都未曾出現在蘇軾本人的文集中，所以這些事情很可能都是東坡不想讓人知道的小祕密！例如有一篇〈秦蘇相遇自述輓志〉，文中寫道：東坡從惠州再貶儋州時，秦觀也在貶途中，兩人相遇，秦觀告訴蘇軾，他已經寫好了自己身後的輓詞。沒想到東坡拍拍秦觀的背，說道：「少游啊，我曾擔心你想不通、看不開，今天我可以放心了。其實我也早就爲自己寫好了墓誌文，如今已經密封起來交給了侍從，而且我的小兒子蘇過並不知道。」既然把話說開來了，那麼蘇軾與秦觀就可以放開鬱結的心情，相互「嘯詠而別」了。

還有一個故事〈牛酒帖〉也很有趣：蘇軾在黃州的時候，常常在東坡這個地方舉行歡樂的聚會，而且先生酒後會盡情地寫字分送給大家，其中有一幅爲畢少董所收藏，其字「醉墨瀾翻」，非常飄逸灑脫！是很難得的書法作品。在這幅字裡，東坡說道：今天與幾位客人喝酒，突然看到純臣來了，如今是秋老虎的天氣，十分炎熱，我們喝著酒，卻沒有下酒菜，剛好聽說鄰居的耕牛，足部患了病，所以我們就選擇拿牠當下酒菜，而當晚眞的喝個大醉！先生從東坡出來之後，直接回到春草亭，那時已經是三更時分了。」何薳解釋道：春草亭在城外。因此這篇文章的意思是說，蘇東坡與朋友半夜飲酒，還私殺耕牛，又不顧宵禁，在酒醉的情況下偷偷出城。這些都是違法犯紀的行爲。雖然整篇文章的情調反映出東坡無入而不自得的暢樂之情，再加上筆酣墨飽，是很能代表蘇東坡人生境界的一幅絕世佳作。但是礙於法規，他本人又是犯官，因此我們只能從同時代其他文人筆記中，才能看到這類情事的記載。有趣的是，這部《春渚紀聞》不僅記述了很多關於蘇東坡的小故事，同時也保存了一些宋人對於李白的意見和看法，而且同樣是在第六卷：

〈太白胸次〉：「士之所尚，忠義氣節，不以摛詞摛句爲勝。唐室宦官用事，呼吸之間，生殺隨之。李太白以天挺之才自結明主，意有所疾，殺身不顧。王舒公言：『太白人品汙下，詩中十句，九句說婦人與酒。』至先生作〈太白贊〉，則云：『開元有道爲可留，縻之不可矧肯求？』又云：『平生不識高將軍，手汙吾足乃敢嗔！』二公立論，正似見二公胸次也。」

這裡何薳又點出了一個與他同時代的人——王安石。北宋文壇領袖歐陽修曾經寫詩盛讚王安石：「翰林風月三千首，吏部文章二百年。老去自憐心尚在，後來誰與子爭先……。」儘管王安石對李白頗有微詞，但是這首〈贈王介甫〉詩一開頭仍以稱讚的語調，形容王安石的詩寫得像翰林李白那樣的才氣縱橫！由此可知，歐陽修對李白的高評價，與一般人差不多。而且從他這位文壇巨擘的口中說出稱讚之詞，我們也可以想見，王安石的詩文在當時也很有分量。

此外，他的書法也相當有名！蘇東坡說王安石的書法「得無法之法」，黃庭堅則指認他的字學習自東晉風雅瀟灑能清談的王濛，而王濛擅長隸書與章草，因此王安石書法的風格奇古峭拔。除了在藝術方面有高超的水準之外，但更重要的是，王安石於地方任父母官的時候，眞正做到了愛民如子，他經常開倉放糧以救濟貧苦百姓，避免他們為地方豪強所盤剝。王安石也是一位眞正的儒者，因此治理地方恩多罰少。尤有甚者，當蘇軾在烏臺詩案中身陷囹圄，受盡折磨，身旁的親友頓時一哄而散，沒有人敢親近這個政治犯時。只有王安石上書諫言：「豈有聖世而殺才士乎？」所以嚴格說來，王安石與蘇東坡並非仇敵，他們之間，反而存在著惺惺相惜之情，只不過兩人對於許多事情的看法不盡相同罷了。就以對李白的觀感而言，東坡曾說道：「李太白、杜子美以英瑋絕世之姿，凌跨百代，古今詩人盡廢。然魏、晉以來，高風絕塵亦少衰矣。」蘇軾對李、杜並誇，可是王安石卻揚杜抑李，這就是蘇、王二人除了政治議題之外，在文學欣賞方面也有看法不同之處了。

然而王安石的話說得很重！他攻擊了李白的人品，這個部分很有可能如許多學者所分析，他指的是在安史之亂中，李白依附永王璘一事。然而指責李白的詩歌十之八九寫婦人與酒，這恐怕是王安石看得不夠全面，另一方面也是個人道德標準與審美情懷不同，因此在接受美學的視角下，我們就看到了一個拒絕接受或說負面評價的例子。

我們都很熟悉李白的〈登金陵鳳凰臺〉，其中有一句：「總爲浮雲能蔽日，長安不見使人愁。」李白雖說積極樂觀，但是在這首詩裡我們卻看到了他心中仍有揮之不去的陰霾。不知道是不是王安石故意的？他三十多歲的時候寫了一首〈登飛來峰〉，其中有句云：「不畏浮雲遮望眼，自緣身在最高層。」王安石當年眞是壯志凌雲啊！大有一展鴻圖的氣魄。然而我始終覺得他是針對李白而寫的，因爲這首詩怎麼看，都像是那不服氣的王安石，處處要與李白別苗頭。

李白〈登金陵鳳凰臺〉

鳳凰臺上鳳凰遊，鳳去臺空江自流。
吳宮花草埋幽徑，晉代衣冠成古丘。
三山半落青天外，二水中分白鷺洲。（「二水」一作：一水）
總為浮雲能蔽日，長安不見使人愁。

王安石〈登飛來峰〉

飛來山上千尋塔，聞說雞鳴見日升。（「飛來山」一作：飛來峰）
不畏浮雲遮望眼，只緣身在最高層。（「只緣」一作：自緣）

延伸思考

古人說：「文窮而後工。」可是在現實生活中，如果突然間發生了完全意料之外的狀況，使生活變得一片混亂，你會怎麼把握住自己？

第二單元

行路難

人生最美的一場愛！——李白與宗夫人

我離開了長安。此時已在黃河上航行了好幾天，大船掛起了風帆，立時乘風破浪，盡速前進。風撕扯著我的衣襟欲裂，我像是個歸心似箭的遊子，只不過實際上，我眞的不知道自己該去哪裡？所幸這是一條遙遙無止境的長河，因此暫時不用思考人生的下一站。但是風浪實在太大，那洶湧的波濤連綿起伏，我不禁懷疑也許到不了停泊的港灣，我就已經被惡浪給淹沒了……。

李白後來在宋州平臺上了岸，他這一路飽嚐風浪之苦，然而在登船之前，他整個人其實已經被宮廷裡的讒言風波給掀翻了。原本唐玄宗可能動過念頭，想任命他爲起草詔令的中書舍人，畢竟李白是援筆立就的詞章高手。只是他的個性，不需要宮廷裡的人來說，就是千百年以下的讀者如你我，也都知道李白不適合官場。他是「一醉累月輕王侯」，加上個性傲岸，可能已經得罪了許多權貴還不自知。因此，每當他可能要升官的時候，就會有人進言，說他「非廊廟器」。或許連唐玄宗也未曾認眞看待過李白。在皇帝的眼裡，再有才氣的大師，也不過就是個點綴太平的弄

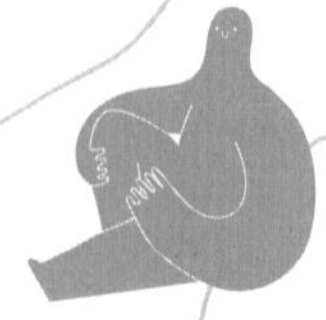

臣。所以李白後來也漸漸覺悟了，只不過心境仍是蕭索落寞：「棄我去者，昨日之日不可留。亂我心者，今日之日多煩憂。長風萬里送秋雁，對此可以酣高樓……。」

其實李白最適合做的事，還是吟詩，且最好是即興地歌詠與揮毫，而且有了文學，就不能缺少文友。他上岸之後，結識了杜甫與高適。這時候，人也對了，酒也有了，又來到了古代的梁園遺跡，可藉以發思古之幽情。所以連環境都對了！在這樣的情境中，李白想起了阮籍，那是怎樣的一個人格典型啊！在險惡的政治處境裡，這位竹林七賢的代表，也曾憂傷，也很失意，更對現實感到希望破滅，於是他創作了〈詠懷詩〉八十二首，而現下句句都成了李白的良藥，讓他止傷療癒。在尙友古人的慰藉下，李白與阮籍合而爲一，透過老莊避世，融入談玄析理，兩人達到同樣的放達不羈，也同樣被世人視爲風流名士。

其實李白酒醒之後，他的內心依然是澄澈的，他知道長安與梁園相隔著怎樣的距離，那千山萬水，使得從政的道路，再也回不去了。天命難違，人如何處？李白的辦法很簡單！登上高樓，讓小歌女唱個曲子，找小奴在一旁搖扇，當涼風吹來，暑氣頓消，這世間還有什麼不愜意的呢？過了一會兒，還有女僕端上來滿滿一盤剛採收的楊梅，她親手撒上細雪般的吳鹽……。雇了這麼多人來服侍，問他錢從哪裡來？也很簡單！人生得意須盡歡，千萬別學那伯夷、叔齊，有骨氣，不食周粟，李白離開京城的時候，可是皇上給足了面子的，賜金放還，所以樂得拿著皇上的金子買酒喝！

從前這一帶有位禮賢下士，廣招門客的信陵君魏無忌，爲人最是寬厚，因此威名遠播，最高紀錄曾有食客三千，使得鄰近諸侯各國不敢來侵犯。可是到如今，我們只看見他的墳地被別人用來耕種。可見老天爺是公平的，說什麼擁有至高權利，說什麼無盡纏綿風流，到頭來就是一場空！如今梁園早已頹敗，唯有青山古木，與天邊的流雲常在。就連當年的才子枚乘與司馬相如，也已如煙縹緲，難以追蹤。李白望著汴河水奔流到海不復回，未免淚如雨下，爲今只能黃金買醉，以遣時日。讓時間來爲他療傷，心裡想著，也許將來還有機會成就大業。

可是就在這麼一醉解千愁，欲求東山高臥之時，愛神突然降臨了！

李白千金買醉，宗女千金買壁。李白買的酒，可能是普通的酒；但是宗女買下的那一堵牆，卻是寶貴的文化資產。而且促成了一樁好姻緣，堪稱唐代的「傾城之戀」，因爲這座被李白即興揮毫，寫滿個人與歷史的滄桑，也道盡了時不我與的慨嘆，此刻整幅〈梁園吟〉就在這壁面上，很像是張愛玲小說中的那堵牆，令人想起了「地老天荒」這四個字。而武則天掌政時期宰相宗楚客的嫡親孫女，不讓人破壞李白隨興揮灑的墨跡，因此重金買牆。此豪舉感動了浪跡天涯，不知何去何從的天上謫仙人。於是決定落入人間，好好愛一場。

就在他政治最失意的時候，梁園之戀，爲李白帶來了人生中最美的愛情。那一年，他四十三歲。

梁園吟

我浮黃河去京闕，掛席欲進波連山。
天長水闊厭遠涉，訪古始及平臺間。
平臺為客憂思多，對酒遂作梁園歌。
卻憶蓬池阮公詠，因吟「淥水揚洪波」。
洪波浩蕩迷舊國，路遠西歸安可得！
人生達命豈暇愁，且飲美酒登高樓。
平頭奴子搖大扇，五月不熱疑清秋。
玉盤楊梅為君設，吳鹽如花皎白雪。
持鹽把酒但飲之，莫學夷齊事高潔。
昔人豪貴信陵君，今人耕種信陵墳。
荒城虛照碧山月，古木盡入蒼梧雲。

梁王宮闕今安在？枚馬先歸不相待。
舞影歌聲散綠池，空餘汴水東流海。
沉吟此事淚滿衣，黃金買醉未能歸。
連呼五白行六博，分曹賭酒酣馳暉。
歌且謠，意方遠。
東山高臥時起來，欲濟蒼生未應晚。

宣州謝朓樓餞別校書叔雲

棄我去者，昨日之日不可留；
亂我心者，今日之日多煩憂。
長風萬里送秋雁，對此可以酣高樓。
蓬萊文章建安骨，中間小謝又清發。
俱懷逸興壯思飛，欲上青天覽明月。（「覽」通：攬；「明月」一作：日月）
抽刀斷水水更流，舉杯銷愁愁更愁。（「銷愁」一作：消愁）
人生在世不稱意，明朝散發弄扁舟。

殺人紅塵中——〈俠客行〉

「楊過自上而下搏擊，模擬冰輪橫空、清光鋪地的光景；小龍女單劍顫動，如鮮花招展風中，來回揮削。接著，楊過劍柄提起，劍尖下指，有如提壺斟酒；小龍女劍尖上翻，竟是指向自己櫻唇，宛似舉杯自飲一般。等到楊過斜劍刺出，小龍女更是揮劍直劈……。」

我們只需看一看《玉女心經》裡的「花前月下」、「清飲小酌」，以及「浪跡天涯」等三招，就知道金庸有多浪漫了！楊過和小龍女，生死與共，在大戰蒙古絕頂高手金輪國師時，這對情侶非但沒有顯露出殺氣騰騰的表情，反而處處流露著含情脈脈，相互依戀的眼神，同時，他們的姿態就像是在跳一場唯美的雙人舞。不過，當金庸寫到獨孤九劍時，他的思維就從美學轉偏哲學了。獨孤求敗所以能夠叱吒風雲，破解天下人的武功，任何敵手都不能令他回劍防守，那是因爲九式劍法，各含無數變化，若是能夠達到「無招勝有招」的境界，便是人劍一體，而且意在劍先。因此當年令狐沖得以自由揮灑，看似輕鬆地擊敗了五嶽劍派如雲的高手。至於太極劍法，

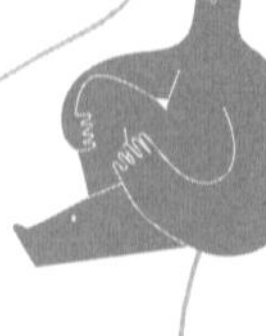

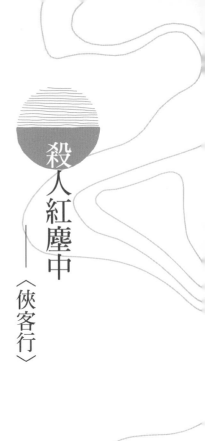

則是以完全的逆向操作來展現「太極圓轉，連綿不絕」，這是一種特殊的思考方式，其劍法的精神也許是在告訴我們，偶爾也要學會「後發制人」、「以靜制動」、「以慢打快」，這些我們平常不會這樣想，也不會這樣做的招數，或許就是金庸在指點我們暫時放下原本固定僵化的思維模式，以翻轉的角度來處理人生的課題，說不定眞能夠收取意外的成效。因此他說太極乃是「無上劍法」。

從文學、美學到哲學，作家金庸將武學的底蘊發揮到了極致！它再也不僅僅是武術或武藝，同時還有思想背景來撐起論述的基礎。

而事實上，中國的武俠文學早在唐朝，即獲得了盛大的開展。尤其是在盛唐，當時文人充滿了陽剛氣，不但活得有精神，而且能用他們的筆來書寫兵刀弓馬的武人氣魄。他們寫邊塞，他們愛武藝，他們一手拿筆，一手提劍。所以詩仙也是劍仙！李白自稱：十五好劍術，三十成文章。其實他到了三十六歲，也還在練劍，而且為了學劍，跋山涉水也在所不辭：「學劍來山東」。也許他的劍術眞的很高超！因爲他甚至於在〈俠客行〉中透露自己有殺人於無形的絕妙劍法：「十步殺一人，千里不留行。事了拂衣去，深藏身與名。」這裡的描寫很容易使我們聯想起，在李白身後一百多年的晚唐小說家裴鉶，他的傳奇名著是〈聶隱娘〉。在這個故事裡，師父對隱娘歷數某人的罪狀之後，便命令她：「爲我刺其首來，無使知覺。定其膽，若飛鳥之容易也。」

展開行動前，師父「受以羊角匕首，刀廣三寸」。隱娘「遂白日刺其人於都市，人莫能見。以首入囊，返主人舍，以藥化之爲水」。聶隱娘很確實地做到了「十步殺一人，千里不留行」。而且事後處理得乾乾淨淨，了無痕跡。殺人，除了乾淨利落的手法，不落痕跡的處理技巧之外，當然也還有逞英雄的威風和虛榮。李白回憶年少時：「結髮未識事，所交盡豪雄。郤秦不受賞，擊晉寧爲功。脫身白刃裡，殺人紅塵中。當朝揖高義，舉世稱英雄。」當時，他血氣方剛，因此經常呼朋引伴，爲人打抱不平。他不是爲了報酬，也不想因此而邀功，單純地就是愛爲朋友兩肋插刀，與兄弟們肝膽相照。因此李白仗劍走江湖的名氣已不亞於他在詩歌上所展現的才華。因而連正史都記載了他的豪俠形象，《新唐書》是這樣描述李白的：「喜縱橫術，擊劍，爲任俠。」

此外，唐代李亢在他的《獨異志》這本書中，記載了許多當時社會上光怪陸離的新聞，其中提到了李白的劍術教練裴旻。此人擊劍出神入化，令人無可捉摸，於是被稱爲「劍聖」！《獨異志》中指出：「（裴旻）擲劍入雲，高數十丈，若電光下射，漫引手執鞘承之，劍透空而入，觀者千百人，無不涼驚慄。」裴旻這一招，表演效果極佳！既像是特技表演，又像是動漫遊戲，總之，不是凡人所能及。在唐代，李白的詩與裴旻的劍並稱，可見都是藝術的極致！

《獨異志》裡，還提到了裴旻殺虎一事：「（裴旻）爲龍華軍使，守北平。北平多虎。旻善射。嘗一日斃虎三十有一，既而於山下四顧自矜。有父老至曰：『此皆彪也，似虎而非。將軍若遇眞虎，無能爲也。』旻曰：『眞虎安在？』老父曰：『自此而北三十里，往往有之。』旻躍馬而往，次叢薄中。果有一虎騰出，狀小而勢猛，據地一吼，山石震裂。旻馬闢易，弓矢皆墜，殆不得免。自此慚懼，不復射虎。」

彪是一種雄獅與雌虎雜交生下的大型貓科動物，所以鄉人告訴裴旻：「那不是眞正的老虎。」只是一旦眞正的老虎出現時，那震裂山石的一聲吼，讓裴旻的馬先驚慌了，而他本人也緊張到弓箭墜地，手抖得厲害，再也提不起劍來，因此當時的情況實在萬分驚險！裴旻果眞怕到了，從此不敢再提射虎。

然而李白與和裴旻不同，他的摯友吳指南在旅遊途中染病身亡時，李白傷心欲絕，撫屍痛哭，不知哭了多久，突然感覺身旁有異樣的動物正在靠近，他回頭一看，赫然發現一頭猛虎！然而李白不肯逃走，因爲他絕不能讓好友的屍體被老虎叼走。於是李白拿出了比老師裴旻勇敢十倍的精神，持劍與猛虎對峙！最終詩人獲勝，李白趕走了老虎。

我們試想，在數千年的文學史中，還有哪幾個文人的武功與膽量能與李白相比的？

俠客行

趙客縵胡纓，吳鉤霜雪明。
銀鞍照白馬，颯沓如流星。
十步殺一人，千里不留行。
事了拂衣去，深藏身與名。
閒過信陵飲，脫劍膝前橫。
將炙啖朱亥，持觴勸侯嬴。
三杯吐然諾，五嶽倒為輕。
眼花耳熱後，意氣素霓生。
救趙揮金槌，邯鄲先震驚。
千秋二壯士，烜赫大梁城。

縱死俠骨香，不慚世上英。
誰能書閣下，白首太玄經。

一首詩，寫了十八年——〈將進酒〉

我從小就很喜歡井上靖的小說。尤其是《敦煌》，男主角趙行德是個文字迷，他爲了追求西夏文字，在滾滾黃沙之間，一路顛仆躓踣，當他被西夏軍隊抓去當俘虜時，我也隨著趙行德眼睜睜地看到戰爭的血腥與殺戮，人命的存亡總在旦夕之間。有趣的是，行德在軍隊中，告訴那些西夏部隊裡的漢人，不要做無名鬼，因此他帶著大家把每個人的名字寫在他們自己衣服上，於是每一位士兵都成了獨一無二的人，就算明天死在戰場上，也是個有名字的鬼。作者在這裡展現出文字的重要意義，以及每個人都是無可取代的人文價值。不過，在他們出兵作戰的前夕，趙行德還無從得知，自己這個宋朝落第才子的命運，已經與黨項族的最高統領、西夏開國皇帝李元昊的勃勃野心紐結在一起了。

李元昊一心想要拿下河西走廊，他不僅出兵奪取甘州與肅州，還極力攻打回鶻，可是趙行德卻意外地救了回鶻公主！正在放心不下，沒處安置公主的時候，不料他竟被派去夏都興慶學習西

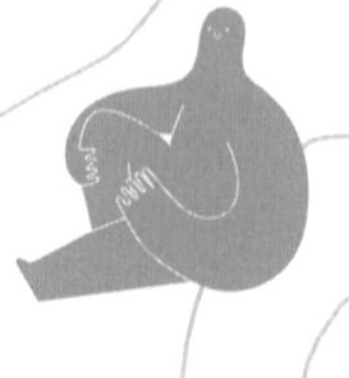

夏文字。這原本是趙行德最感興趣的事，可是如今他只想守著回鶻女，所以學習西夏文字這件事情，就變成他最無奈的一場嘆息。更令人扼腕的是，他的學習計畫還整整被延長了一年。於是在兩年後，當他興沖沖地趕回甘州時，回鶻公主已經屬於李元昊了。生命中美好的事物，總是容易與我們失之交臂。而更悲慘的是，回鶻公主，這位曾經在蒙古高原上，與族人建立起自己國家的突厥語族人，此刻驚見宋朝儒雅的書生回來了！而這個人同時也是她兩年來朝思暮想的戀人，因此她做了決定，在與李元昊結婚的當天，墜樓身亡！

回鶻公主的死，讓趙行德一生屈居人下，不得自由做主的可悲處境，達到了最高峰。而故事也就跟著戀愛的悲劇，來到了戰爭下文化資產保存的最高潮。李元昊所率領的西夏鐵騎直撲沙州（敦煌）而來，並與宋人軍隊發生激戰。趙行德爲了保護沙州太守畢生典藏的經典書籍，他急忙將五萬多卷書、畫、經藏匿在千佛洞如今編號十七的洞窟中。那一年是北宋景德三年（西元一〇〇七年）。時光荏苒，歲月悠悠，將近九百年之後，時間來到清光緒二十六年（西元一九〇〇年）道士王圓籙帶著助手正在清理修復莫高窟，助手往牆壁上磕煙鍋頭，卻聽到了回音，一時感到好奇，於是他們等到半夜便破壁探勘，竟然發現甬道上有個小門。打開門後，從東晉五胡十六國到北宋，長達七個世紀，五萬多件珍貴的文書、畫冊便暴露在世人的面前。這批文物特別受到歐洲、美國與日本考古隊、探險家們的覬覦。他們前仆後繼來到敦煌，拿走了不屬於自己的東西。

歐洲人帶走的文學書籍裡，有我們最愛的「唐詩寫本」，那是在北宋初年，敦煌當地的文人一字一句工筆謄抄出來的詩集。這些版本，當然彌足珍貴！但是更珍貴的是，我們學文學的人最愛分析與研討的課題就在其中。例如：詩人到底是怎麼修改句子的？一個句子是如何形成的？而這樣的問題也形同在問：作家是如何生成的？也可以換句話說：文人對文字究竟敏感到什麼程度？又是在怎樣的美學審視下，哪些句子非改不可？

很幸運的是，我們在敦煌殘卷裡，看到了李白改稿的過程。有一首很有名的詩〈將進酒〉，大家一定都很喜歡！尤其是我所認識的幾位書法家，他們都愛在微醺的情態下，現場揮毫，以行草書寫這首豪放不羈的詩篇。然而單單這一首詩，在敦煌石窟裡，卻出現了三種不同的本子！而且李白最早所使用的篇名並不是〈將進酒〉，而是〈惜罇空〉，我們可以想見，李白早年初擬這首詩，那時候他的想法很單純而且很直接，他就是惋惜酒壺空了！沒酒喝了！

而這首詩裡有我們所熟悉的句子，例如：「君不見，高堂明鏡悲白髮，朝如青絲暮成雪。」在敦煌的寫本中，李白原先寫的是「床頭」明鏡悲白髮，而青絲寫的是「青雲」。「床頭」的意思比較單純，但如果改為「高堂」，除了有高大廳堂的意思，還可以指父母親，這樣就與白髮呼應了；至於「天生我材必有用」，李白當初的原稿是「天生吾徒有俊才」，兩個句子乍看之下，意思差不多。仔細體會，我們就會發現改稿之後，可能強調李白希望能夠將他的才華揮灑開來，因此我們發現他始終懷抱著為社會所用的淑世理想；在「岑夫子，丹丘生」之後，敦煌本子少了

「將進酒，杯莫停」，這應是許多年後，李白補上去的。增加了這個嚷嚷著勸酒的動作，比起單純呼喚他兩個朋友的名字來看，更能突出李白熱切招呼，好酒不辭醉的形象。

而敦煌原稿寫：「與君歌一曲，請君爲我傾。」今天我們所熟知的版本是：「請君爲我傾耳聽」，我覺得這也是李白修改之後，更能銜接後文的好句子。而他原先寫：「但願長醉不用醒」，後來也改成了「不願醒」，突顯出他的「醉」其實是源自主觀意願的。此外，最聳人聽聞的是「古來聖賢皆寂寞」，最初李白的原文寫道：「古來賢聖皆死盡」！我想他後來選用「寂寞」二字，更有餘韻讓我們低迴品讀人生的況味。

看過了李白早年所寫的初稿，後來被收入在敦煌詩集中，我們接著再來看看與他同時代所出版的一部詩集《河嶽英靈集》，這裡面收錄了李白的十三首詩，其中有〈將進酒〉，而且篇名已經改了，不再是〈惜罇空〉。原來〈將進酒〉是舊樂府詩題，這個題目的意思是：「大略以飲酒放歌爲言。」很多著名的文人，像是南朝宋蕭統，都曾以此樂府古題寫過詩，所以李白如果沿用此題，不僅合於寫詩當時的情境，而且也能展現他的古典文學素養。這裡我們所看到的是一個中間過渡的版本，經過李白修改的部分包括了：「高堂」明鏡悲白髮，朝如「青絲」暮成雪。「天生我材必有用」，「古來聖賢皆寂寞」。然而在「岑夫子，丹丘生」之後，還未加上「將進酒，杯莫停」，同時「與君歌一曲，請君爲我傾」，「耳聽」二字也還未加上去。接下來的「鐘鼎玉帛不足悅」，與後來的定稿「鐘鼓饌玉不足貴」，也有差異，我們可以悉心體會他的心意。「但願長醉不用醒」，也還未改成「不願醒」。還有一個細節，在這個版本裡有：「且」須酤酒對君酌，李白將來會改成「徑」須沽取對君酌。只是輕輕改動一個字，就從商量的語氣轉變成率直的命令口吻，更顯得詩人是如此的任性與純眞。

今天我們所見到的〈將進酒〉，是李白生命走到了盡頭，在病中親自將自己的手稿交給了他的遠房叔叔，也是唐代有名的篆書書法家李陽冰。李白希望叔叔幫他將這些散亂的篇章，編一本詩集，取名爲《草堂集》。李陽冰在序文中說道：「公遐不棄我，乘扁舟而相顧。臨當掛冠，公又疾亟，草稿萬卷，手集未修，枕上授簡，俾予爲序。」這部《草堂集》後來竟失傳了，幸好宋神宗熙寧元年，宋敏求編纂出《李太白文集》，而且聲稱他所依據的版本主要是《草堂集》。所以我們今天所讀到的〈將進酒〉，就如李陽冰所說，是李白纏綿病榻之際，鄭重交給他的最後定稿。

一首〈將進酒〉，李白從唐玄宗天寶三載（西元七四四年）初擬，到天寶十二載（西元七五三年）做了部分的修改，直到唐肅宗寶應元年（西元七六二年）終於定稿，拜託叔叔替他編纂成集以完成未了之心願。中間已悠悠過了十八年，期間李白有喜樂，也得忍受悲苦，然最終都化爲了詩句，畢竟這就是詩人平生的慰藉。

十八年，那是李白寫一首詩所花的時間。

將進酒

君不見，黃河之水天上來，奔流到海不復回。
君不見，高堂明鏡悲白髮，朝如青絲暮成雪。
人生得意須盡歡，莫使金樽空對月。
天生我材必有用，千金散盡還復來。
烹羊宰牛且為樂，會須一飲三百杯。
岑夫子，丹丘生，將進酒，杯莫停。
與君歌一曲，請君為我傾耳聽。（「傾耳聽」一作：側耳聽）
鐘鼓饌玉不足貴，但願長醉不復醒。（「不足貴」一作：何足貴；「不復醒」一作：不願醒／不用醒）
古來聖賢皆寂寞，惟有飲者留其名。（「古來」一作：自古；「惟」通：唯）
陳王昔時宴平樂，斗酒十千恣歡謔。

主人何為言少錢，徑須沽取對君酌。
五花馬，千金裘，呼兒將出換美酒，與爾同銷萬古愁。

妹塚

——李白、蘇東坡、莎士比亞的妹妹

我在課堂上講述三言兩拍的時候，遇到〈蘇小妹三難新郎〉，就會聯想起英國女作家吳爾芙在《自己的房間》裡，虛構了莎士比亞的妹妹，她說：如果莎士比亞有一位和他一樣有才華的妹妹，那麼這個女孩的命運會如何呢？答案大家可能猜得到。莎士比亞的妹妹首先沒有機會上學，就算她偶爾有機會翻開書，他的父母也會以種種家事來干擾她閱讀。在婚姻方面，她也完全沒有自主的可能，就算她逃婚了，和哥哥一樣來到了倫敦劇院的門口，她也不可能完成自己朝戲劇藝術方向發展的願望。「男人們當著她的面笑了起來。經理——一個信口開河的胖男人——哈哈大笑起來。他大喊大叫了一些關於捲毛狗跳舞和女人表演的事——說女人不可能當演員。」（吳爾芙《自己的房間》A Room of One's One）這個長相與莎士比亞相似的女子，最終「在冬夜裡自殺」。

早於吳爾芙整整三百年的中國作家馮夢龍在《醒世恆言》第十一卷〈蘇小妹三難新郎〉裡，也虛構了一個文豪的妹妹，也是一般的有才華，而她的命運要比莎士比亞的妹妹好得多，作者為

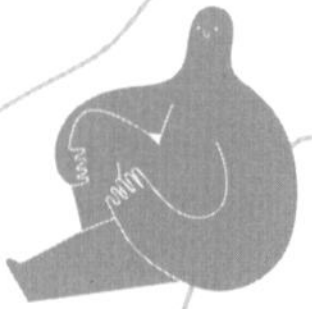

她匹配了青春年少的大才子秦少游。然而蘇小妹在洞房花燭夜，卻讓新郎在門外罰站，硬逼他對出詩句來。秦少游於是過關斬將，終於來到第三關，小妹上聯出題爲：「閉門推出窗前月。」少游苦思半天，對不出來，蘇軾趕緊撿一片破磚，投入水缸，使之激起水花。新郎陡然曉悟，朗聲吟道：「投石沖開水底天。」秦觀闖關成功！贏得了新婚良宵。

這個故事，可能源自於元朝吳昌齡的雜劇《東坡夢》：「東坡道：『妹曰子美，嫁秦少游者是也。』」至於馮夢龍還寫到蘇小妹與蘇軾互相取笑對方的長相，原來小妹額頭凸，大哥鬍子茂。而這段情節其實也來自元朝，林坤所著《誠齋雜記》卷下：「子瞻有小妹，善辭賦，敏慧多辯，其額廣而如凸，子瞻嘗戲之曰：『蓮步未離香閣下，梅妝先露畫屏前。』妹即應聲曰：『欲扣齒牙無覓處，忽聞毛裡有聲傳。』以子瞻多須髯，遂以戲答之。是年十歲，聞者莫不絕倒。」東坡笑妹妹：腳步還沒到，額頭先到了！妹妹立刻反擊：看不到牙齒和嘴，倒是聽見一叢毛裡發出了聲音。關於蘇小妹的故事，看來頗似民間趣聞傳說，它反應了一般人對於蘇東坡的好感，以及對慧黠的才女，充滿了想像的空間。

歷來大文豪的妹妹，有的是悲劇，有的是喜劇。雖然都是虛構的，但是共同指出了女性的處境。即使同父同母所生，才華能力與哥哥相等，做妹妹的卻永遠不可能有機會去到外面的世界，藉由讀書與創作來讓自己達到華麗轉身。如今學界皆知，蘇洵有子女六人，長子與三名女兒皆早卒。三女婚後被夫家虐待至死。因此蘇小妹僅僅是一個被幻想出來的人物。

然而，李白的妹妹，就不是虛構的了。如今在四川江油青蓮鎮上有李月圓的墓，墓前有石碑，上鐫「阿兄文壇早蜚聲，妹塚亦存輸社名。畊讀並傳民意重，太白月圓共長生。」李月圓的死亡，大約不像太白那樣有著浪漫的傳說，但是歷來總有許多人來此憑弔，當地人說：李月圓的香火持續到明朝末年。還說：李白一生雲遊四海，李月圓卻一步都沒有走出家鄉，甚至不履行婚約，就是爲了代哥哥李白在父母膝下盡孝。因此，她過世之後，便葬在住屋後面的山坡上。

根據宋神宗熙寧三年的進士楊天惠在《彰明逸事》中記載：「（李白）有妹月圓，前嫁邑子，留不去，以故葬邑下。墓今在隴西院旁百步外。或傳院乃其所舍云。」月圓比李白小兩歲，也是詩人，與蘇小妹相仿的是，月圓在對聯上亦不讓鬚眉。

至於李月圓的故居「粉竹樓」，不幸在明末遭到兵火，後來於清道光十七年重修。當時有〈重修粉竹樓記〉，碑文曰：「粉竹樓者，李青蓮先生爲其妹月圓所築也，自唐迄明，崇祀不絕，迨兵燹後，廟宇傾圮，基址猶存。」清代修復的粉竹樓，有戲曲舞臺、精巧園林、小亭花架，而主建築爲古樸典雅的木構式樓房，且院中有一尊白玉雕成的李月圓像。入門之處有四幅楹聯，我在意的是第三幅：「月圓徽音不遠，謫仙何時歸來？」月圓守著父母，大門不出二門不邁，寂寂無聞過了一生。女性由來命運皆相似，無論是虛構人物，抑或是眞實的生命。文豪的妹妹，無疑是個很好的對照組，讓我們發現古代女性實存的處境，因此在針對女性的議題上，亦可以此省思過去，理解現在，展望未來。

文學的碎葉——李白出生地

唐三藏師徒一行人來到烏雞國，夜裡長老剛剛入睡，突然聽見禪堂之外，有人叫了一聲：「師父！」長老睜眼一看，一條溼淋淋的漢子出現在他的眼前……。這是個鬼！卻也是這個國家的國王。他頭戴衝天冠，腰束碧玉帶，身穿飛龍舞鳳赭黃袍，足踏雲頭繡口無憂履……。如此體面的國王，怎麼會化爲冤鬼？半夜來求唐僧主持公道呢？原來幾年前，這個國家遇到大旱！國王沐浴齋戒，晝夜虔誠焚香祈禱，俱都無效。這時候來了一位全真道士，能呼風喚雨，點石成金。他一登壇祈禱，頃刻間大雨滂沱！於是國王非常器重他，與他同寢食者二年。有一天，他們來到御花園的八角琉璃井邊，道士不知抛下些什麼物件，井中立刻閃耀出萬道金光，引得國王一時好奇，到井邊看有什麼寶貝，這道士卻陡起凶心，噗通一聲把國王推下井內，還將石板蓋住井口，鋪上泥土，移了一株芭蕉栽在上面。「可憐我啊！已死去三年，是一個落井傷生的冤屈之鬼也。」國王哭得好傷心！三藏法師聽得義憤填膺！然而，想要抓住元凶，報仇雪恨，那還是得靠金猴奮起千鈞棒！

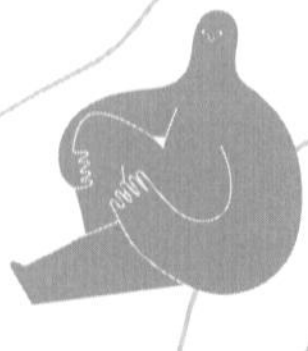

《西遊記》裡的「烏雞國」，這個名字聽起來怪怪的？它其實就是歷史載明的焉耆國。焉耆國在佛經裡稱爲阿耆尼國，又有別名烏耆，在佛經中有烏耆帝，可除禪定之垢、卻障道之罪，所以「烏雞」就是從「烏耆」而來的。這個眞實存在的國家在西漢時，屬於西域都護府，有漢人駐軍，專管絲綢之路。至唐代武則天時期，焉耆已是安西四大鎮之一。

有趣的是，范文瀾《中國通史》之「唐朝及四鄰方位略圖」，圖中「焉耆」旁，寫了三個字「碎葉鎮」。那麼烏雞國其實就是碎葉城嗎？郭沫若在《李白與杜甫》書中指出：「考碎葉在唐代有兩處，其一即中亞碎葉，又其一爲焉耆碎葉。」於是我們知道，唐代邊塞詩中常常出現的「碎葉」，其實就是安西四大鎮之一的焉耆。尤有甚者，歷史學家，特別是研究隋唐史與中亞史的專家張廣達認爲，唐代的碎葉城，就在今天吉爾吉斯斯坦托克馬克城附近楚河岸邊的阿克・貝西姆遺址。而這裡，正是大詩人李白的出生地。

關於李白出生在碎葉，我們可以看唐人范傳正的〈唐左拾遺翰林學士李公新墓碑〉：「公字太白，其先隴西成紀人，涼武昭王九世孫也。隋末多難，一房竄於碎葉，疏離散落，隱易姓名，故自國朝以來，漏於屬籍。神龍初，潛還廣漢。」原來李白的祖籍是甘肅天水，隋朝末年舉家逃亡至碎葉，從此隱姓埋名。直到神龍初年才潛回四川廣漢。

比李白整整大了一百歲的玄奘法師，到印度求經之後，在《大唐西域記》裡回憶道：「清池西北行五百餘里，至素葉水城，城周六七里，諸國商胡雜居也。土宜糜、麥、葡萄，林樹稀疏，氣序風寒，人衣氈褐。素葉以西，數十孤城，城皆立長，雖不相稟命，然皆役屬突厥。」「素葉水城」亦即碎葉城，玄奘法師來到碎葉城的時候，這裡還是屬於突厥的。但是到了李白出生之前，這裡已歸唐朝。又在李白五歲時，突厥人攻擊大唐軍隊，並且侵入碎葉，於是李白和妹妹跟隨父母親展開了顛沛流離的逃難生涯，然而他卻也一直對於這個充滿西域風情的出生地，保留著幼年時的記憶：

「明月出天山，蒼茫雲海間。長風幾萬里，吹度玉門關。漢下白登道，胡窺青海灣。由來征戰地，不見有人還。戍客望邊邑，思歸多苦顏。」（〈關山月〉）小小年紀的李白，就曾無數次見過在天山蒼茫雲海之間升起的一輪明月。如此雄渾壯闊蒼茫的景象，深植於他的腦海中。只不過當我讀到「胡窺」、「思歸」、「苦顏」這些詞的時候，彷彿看見了突厥軍隊大舉入侵的當下，碎葉城中一片恐慌！李白一家隨著城裡的無辜百姓倉皇逃難，他們在天地之間，飄零失所，孤苦無依，而離家愈遠，便思念愈深！

爲什麼突厥與唐朝要來爭奪這塊土地呢？答案還在玄奘的《大唐西域記》裡，法師回憶了他的見聞，他記得這個地方有頗爲豐富的物產：「土宜糜、麥、葡萄，林樹稀疏。」雖然碎葉城主要是絲路的重點站，也就是古代商業貿易往來的大城。然而一旦其農耕價值被突顯出來，這個地方就會同時受到唐人和突厥民族的重視。這也就注定了李白生命中必有兵燹之災。

而玄奘法師所記述素葉水城東南的「清池」，就是現在的伊塞克湖。當年，他走在二千公里長的天山古道上，從中亞草原穿入西北沙漠，並從塔克拉瑪干沙漠翻越凌山到伊塞克湖。《大唐西域記》裡，也描述了這裡的情況：「山行四百餘里至大清池。周千餘里，東西廣，南北狹。四面負山，縱流交湊，色帶青黑，味兼鹹苦，洪濤浩汗，驚波汨淴。龍魚雜處，靈怪間起，所以往來行旅，禱以祈福，水族雖多，莫敢漁捕。」玄奘的口述與描寫近乎奇幻！湖裡有妖精水怪，各種水族，但是因為波濤洶湧，水色青黑，因此從來沒有人膽敢在這裡輕鬆愜意地暢遊或者捕撈魚貨。

玄奘法師親見如此惡水，最終被取材借鏡到小說《西遊記》裡，從流沙河、通天河到碧波潭，我認為都有碎葉城外大清池的影子。例如小說第六十三回，孫悟空與師弟八戒就在碧波潭邊與妖怪搏鬥。突然間那怪物從水裡衝出，居然還從腰間再伸出一個頭來，張開嘴巴，把八戒一口咬著鬃，半拖半扯，捉下碧波潭內而去。

這個九頭蟲拖著八戒一直來到龍宮外，並叫道：「小的們何在？」頃刻間，從門裡冒出了一大堆鯖鮊鯉鱖之魚精，龜鱉黿鼉之介怪，牠們一擁齊來，道聲：「有。」駙馬道：「把這個和尚綁在那裡，與我巡探的小卒報仇！」八戒前世可是水神天蓬元帥，曾經掌管天河八十萬水軍！如此神通，而今卻陷落在這「龍魚雜處，靈怪間起」的水底世界。然而這可是生命交關的時刻，絲毫耽誤不得。究竟這不識水性的大師兄孫悟空該如何解救師弟呢？

吳承恩小說寫得引人入勝，追蹤躡跡，始自玄奘法師眞實而又峻險的碎葉城奇幻之旅。除了小說之外，有關碎葉的詩歌也不遑多讓，我們已從李白眼中見到長風萬里，天高地闊的景象，更有那七絕聖手王昌齡的〈從軍行〉：「胡瓶落膊紫薄汗，碎葉城西秋月團。明敕星馳封寶劍，辭君一夜取樓蘭。」詩人在深夜的碎葉城裡，靜靜地凝望著團圓的秋月，他在等待，等著天明的曙光，屆時將持寶劍號令將士，一舉突襲破敵。

神魔倏出，靈怪間起，戍客思歸，風雲難測……。誰能想到，碎葉城竟是屬於文學的，否則焉能有如此豐富的想像空間！

在那瘋狂詭異的世界裡

——谷崎潤一郎《怪奇幻想俱樂部》之〈變成魚的李太白〉

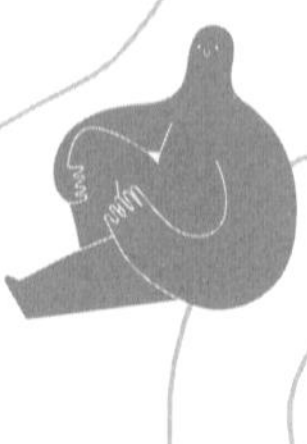

李白之死，存在著好多說法。那是因爲我們不希望謫仙人走到生命的終局，也和一般人無二，那樣平庸而且自然地病老歸西。相反地，他應該要以一種浪漫的姿態離開人間，這樣才符合詩仙的美感。因此，民間有了「太白撈月」的美麗傳說。

傳說告訴我們：李白天天大醉中，當他立於采石磯，腳下便是滾滾長江，天空的明月勾引起他的愛戀。太白與月亮的感情，不比一般。他爲明月寫了好多詩，他的妹妹叫月圓，兒子叫明月奴，李白這個人眞的與月亮彼此眞心相依。

然而他醉了，朦朧的眼中看見波光閃爍著月亮的光影，粼粼的光像是含淚哀求的眼眸。李白奮不顧身一躍而下，爲了他的愛……。詩人生也是美，死的時候更是淒美！他終於符合了我們所有人對他的愛戀。

然而有趣的是，愛戀李白的不是只有中國人，還有日本人。而且日本人會在他人故事結束的地方，重新展開一個新的起點，讓小說得到了延伸的空間，也讓李白獲得新階段的生命。這個創造李白新生命的人，正是經典唯美派大師谷崎潤一郎。

故事描述桃子小姐要出嫁。她的好朋友春江很細心地爲她挑選結婚禮物，結果蓬萊山盆景、鰹魚乾，都覺得不夠好，那麼珍珠戒指、絲綢腰帶呢，也不夠誠意。所以又去看了翡翠的和服腰帶別針，以及珊瑚簪子和玳瑁梳子……，最後竟然都不滿意！就在內心感到失望的時候，在某家商店裡，看到了一件可愛的工藝品，那是個紅絲綢的鯛魚。大紅色的縐綢做成的，尾巴像屋簷上的鴟吻高高地翹向空中，魚鰭則是很神氣地左右張開，玻璃眼珠子睜得又大又圓，一副呆呆的模樣，被置放在木架子上。

大紅鯛魚滑稽又可愛的模樣，讓春江好喜歡！而且她知道桃子也會喜歡。於是將它買下，讓工人運送回家。當天晚上全家人都興奮地欣賞著大鯛魚紅彤彤、傻乎乎的模樣。而且果不其然，這個禮物送到桃子的新房裡，新娘立刻雀躍不已！她知道春江的確是她的好朋友，才能夠選出這樣讓她極開心的禮物。於是桃子在婚後，幾乎天天望著大鯛魚而感到心滿意足。她細細端詳這條鯛魚，噘著的嘴好像要說話，尾巴也很有氣勢地往上翹起。那滿臉通紅且使勁兒回頭的樣子，讓桃子有時眞的以爲那是條眞的鯛魚！

可是她的婆婆不以為然，她勸桃子要解開那塊縐綢布，而且用它來做一件和服的內襯。桃子不敢違逆婆婆，於是眞的親自拿起剪刀準備剪開紅縐綢。她凝視著鯛魚久久動不了刀，卻沒想到終於下定了決心，將這新剪刀喀嚓一聲剪下去時，竟然弄破了鯛魚的腹部。「唉唷！好痛啊！」簡直不可思議！鯛魚發出聲音了。「啊，對不起。弄痛你了，我不是故意的！」紅鯛魚沒有回答，只是瞪著玻璃眼珠，簌簌地流下淚來。「很疼嗎？別哭了！」鯛魚說：「我不疼。」桃子不解。鯛魚說：「我哭是因為您將要把我身上美麗的紅皮膚給剪掉，這才是我最傷心的事啊！小姐，噢不，夫人，請不要剝開我美麗的皮膚！求您發發慈悲吧！」年輕的桃子夫人很為難，「你又不是一條活魚，何必那麼在意呢？」鯛魚激動地回答：「就算是絲綢做的，既然已經把我做成了鯛魚，我就有魚的靈魂啊！」「絲綢做成的魚怎麼會有靈魂呢？」桃子這會兒可是眞不相信了！話說到這裡，鯛魚只好和盤托出牠的身世了。

「沒錯，紅絲綢做成的鯛魚是沒有靈魂的。但我不是一般的絲綢鯛魚，其實在很久很久以前，我確實是在大海裡生活的一尾鯛魚。而且每天喝的不是鹹鹹的海水，是甘醇美妙的酒。」桃子笑了！「我說的是眞的！沒有騙您。」紅鯛魚說著說著，便在木架子上搖搖晃晃起來，就像是喝醉了那般支撐不穩。桃子看牠是有幾分像，於是就問：「那麼你從前在酒海裡都做些什麼事呢？那裡的魚兒也和你一樣成天醉醺醺嗎？」紅鯛魚搖起頭來：「不不不，您還是不了解我，其實我在成為魚之前，曾經是個人，而且是個很優秀的詩人。不過，不談也罷。因為那已經是一千多年前的事了。」桃子睜大了眼睛：「你還做過人呢？」「千年前，唐代有個詩人叫李白，您一定知道吧？是的，不瞞您說，我就是李白。」看到桃子驚訝的神情，紅鯛魚顯得十分得意！

桃子不可置信地追問：「可是，李白在采石磯爲了救月亮而落水了！然後他變成了錦鯉魚，又被大鯨魚吸入腹中，最後大鯨魚噴出水來，把李白送上天成了星星了！難道你現在要告訴我，我們從前所知道的事，都是假的嗎？」桃子說出了日本人對李白離開人世最浪漫的揣想。

「什麼？李白變成了星星？哈哈！這一定是佐藤春夫在他的小說《李太白》裡說的吧？這個小說家呀，沒事就愛寫點唯美浪漫又虛無縹緲的故事。信不得，信不得！沒錯，我是在采石磯上掉進水裡了。」李白氣得臉更紅了！他說他絕不可能變成什麼錦鯉魚，更不可能變成星星！「謠傳眞是太荒唐！但是絕對不會改變我就是李白的事實。」

李白說，當年他沉入揚子江，隨波逐流去到南海，順勢變成了一尾紅鯛魚，從此就在大海中浪游。說也奇怪，自從牠進入大海，就發現有太多的魚謊稱自己是李白，有鯉魚、有鱸魚，甚至於還有章魚和水母！牠們有的全身通黑，有的是銀色的魚皮，「您想想，那種魚怎麼可能是李白？我李白喝酒，醉了以後滿臉通紅，所以紅鯛魚才是李白嘛！」桃子看紅鯛魚那樣生氣，於是趕緊哄哄牠：「我知道了，我知道了，你是眞正的李白，那些傳說和佐藤春夫的小說都是騙人的！」紅鯛魚這會兒才滿意了。

桃子最終捨不得剪了紅鯛魚，又不敢讓牠給婆婆看見，於是將紅鯛魚藏進衣櫃裡。說也奇怪，從此以後，紅鯛魚再也沒有開口說過話了。

故事說完了。其實我蠻喜歡佐藤春夫說李白從大鯨魚的噴水孔裡出來，然後化爲天上星星的這段故事，感覺走入一個富於童趣的天地！雖然谷崎潤一郎有所批評。谷崎是六度提名諾貝爾文學獎的日本作家，他的小說內容百無禁忌，化虛構爲眞實，我們在他這部《怪奇幻想俱樂部》裡，看到一個瘋狂詭異又怪誕唯美的世界。李白曾經寫過一首詩〈贈崔侍郎〉：「黃河三尺鯉，本在孟津居。點額不成龍，歸來伴凡魚。」如果小說家是因爲讀過這首詩，進而構思了這一篇有趣的小故事，那我們還眞不能小覷了這篇作品，因爲這其實已經是一場難得的跨越時空、跨越文體也跨越民族，而且從民間傳說汲取養分，與前代作家互相對話，進一步開創新思維的集體文學創作。

曲盡已忘情——李白與馬勒

西元一九〇七年夏天，馬勒正式向維也納宮廷歌劇院提出了辭呈。在過去的十年裡，馬勒主持這座歌劇院，可以說是已經做到了「怨聲載道」的地步！他就像是一個馴獸師，將歌劇院裡的音樂家們都當成了野獸。因此他的離去，反而讓很多人額手稱慶！不過，馬勒並不是衝動離開的。事實上，他已經事先與紐約大都會歌劇院簽約了，而且報酬不菲！因此，在那年的十二月底，他渡海來到紐約，並且隨即在翌年元旦以指揮華格納的《崔斯坦與伊索德》，正式在美國亮相。

接下來一系列的演出，都獲得了樂迷的讚賞！在這輝煌的西元一九〇八年秋天，馬勒還推出了他的第七號交響曲，然而這一次聽眾卻不買帳，甚至連演奏者都覺得這套曲寫得不好。不久之後，馬勒辭去了大都會歌劇院的工作，轉往紐約愛樂樂團擔任指揮。然而他在這裡所推出的四十多場音樂會，聽眾的反映依舊是很淒慘！結果造成樂團嚴重虧損，於是馬勒在西元一九〇九年的夏天回到了歐洲。西元一九一〇年，他的第八號交響曲誕生，首演在慕尼黑。眾所周知，這一套E♭大調第八號交響曲，就是有名的「千人」。不僅管弦樂團編制龐大，又加上管風琴，還有千人合唱團，成爲馬勒一生最成功的作品。後來他將這座生命的里程碑，題獻給他摯愛的妻子阿爾瑪。

然而就在此時，他竟然發現了妻子阿爾瑪與年輕建築師格羅皮烏斯之間的婚外情。這個打擊對他來說太大！雖然此後阿爾瑪始終留在馬勒的身邊，但是她也從未與格羅皮烏斯分手。隔年，馬勒在創作第十號交響曲的過程中，因嚴重的心絞痛發作，竟不幸溘然長逝……。

從美國鎩羽而歸，到發現妻子外遇，這是一段很煎熬的心路歷程。馬勒只能以自己所鍾愛的創作來撫慰心靈和療癒傷痛。於是，他在第八號至第十號交響曲之間，寫下了《大地之歌》。這是「一個男高音與一個女低音（或男中音）聲部與管弦樂的交響曲」，首演於慕尼黑，當時馬勒已經離世。

《大地之歌》一共六個樂章，其中四個樂章寫的是李白。在馬勒生命的谷底，他看見了中國八世紀一個性格自由、情感豐沛、精神浪漫、超越世俗又觸動人心的詩人。從西元一九〇七年起，馬勒在人生最後的四年間，歷經了許許多多讓他頹唐不振的挫折與打擊。其中還包括了他最疼愛的五歲女兒患猩紅熱早殤。也是在西元一九〇七年，德國詩人漢斯．貝特格將兩部法語書和一部德文書轉譯成《中國笛》，其中包含了十五首李白的詩。馬勒在痛苦的深淵裡看見了這本書，發現李白、王維等唐朝詩人充滿道家美學的生命情調，因而發揮靈感寫下六個樂章的交響性聲樂套曲《大地之歌》，其中包含李白、錢起、孟浩然和王維等四位唐代詩人的七首詩歌。

十一年後，貝特格的第二本譯詩《中國桃花》出版，他將詩集提獻給馬勒：「謹紀念古斯塔夫・馬勒，《大地之歌》創作者」，這一句話，體現出詩歌與音樂融通之美，同時李白與馬勒的交會，也是中西文化交流史上最浪漫迷人的一頁。

《大地之歌》第一樂章〈人間飲酒悲歌〉，源自李白〈悲歌行〉：

「悲來乎，悲來乎。主人有酒且莫斟，聽我一曲悲來吟。悲來不吟還不笑，天下無人知我心。君有數斗酒，我有三尺琴。琴鳴酒樂兩相得，一杯不啻千鈞金……。」人生縱使富貴百年，終究還是逃不過一生一死。那秦相李斯應該早一點把虛名拋向身外。一身布衣的范蠡並不是眞的喜愛遨遊五湖，那是他功成身退、明哲保身的智慧。馬勒也許對中國古人的進退自如有所領會。他譜寫的歌詞：天空湛藍、大地如茵，即使天長地久，你我還是血肉之軀，能有多少年華？多少歡愉？紅塵中富貴百年能幾何？

看來馬勒是對李白有所體會，也有所領悟。而《大地之歌》第四樂章〈佳人〉則是選取自李白的〈採蓮曲〉：「若耶溪傍採蓮女，笑隔荷花共人語。日照新妝水底明，風飄香袂空中舉。岸上誰家遊冶郎，三三五五映垂楊。紫騮嘶入落花去，見此踟躕空斷腸。」夏日溪邊美麗的採蓮女在陽光的映照下，水中也呈現出一片蕩漾的風景。岸上的遊冶郎躺在垂楊柳蔭裡。紫騮馬嘶鳴聲中，落花紛紛飛去……。這樣一幅悠閒恬淡愜意的生活風情畫，美到不可方物！那其實是我們每一個人心靈的療癒場，同時也讓馬勒如在夢中，暫時回到了最懷念的故鄉。他譜寫歌詞：「金色的陽光在女孩們的背後發亮！又照映在澄澈如鏡的水面，她們的纖纖素手，靈巧美妙的雙眸，都映照在如鏡的水面，蕩漾於波光。和風輕吹，女孩們的香氣，揮灑在空中……。」馬勒的歌詞，少了男孩們隨性自在的野臥，卻讓他們動起來：「英俊的少年在岸上綠柳林間，縱馬奔馳。」同時他更精緻地刻劃出妙齡女子特寫鏡頭下亮眼的美感。

《大地之歌》第五樂章選取李白的〈春日醉起言志〉：「處世若大夢，胡爲勞其生？所以終日醉，頹然臥前楹。覺來眄庭前，一鳥花間鳴。借問此何時？春風語流鶯。感之欲嘆息，對酒還自傾。浩歌待明月，曲盡已忘情。」人生就是一場大夢，李白整日爛醉如泥，醒來後，突然看到一隻可愛的鳥兒穿梭在花叢間，他已失去了時間的意識，唯一知道的是，春風正與流鶯細訴衷腸。李白感到很快樂！他高歌一曲邀明月，直到曲終依然沉醉忘情。在這個樂章裡，馬勒的歌詞完全依附著李白的詩，幾乎沒有歧出，這似乎也透露著他的心情。

除了以上三個樂章選用了李白詩之外，第三樂章〈青春〉，究竟選用的是李白的〈宴陶家亭子〉或是〈贈宣州靈源寺仲濬公〉，目前還有些疑義。而除了馬勒之外，理察·史特勞斯、阿諾·荀白克，以及安東·魏本等許多作曲家的創作靈感，也都源自《中國笛》。其中史特勞斯從他的交響詩《唐璜》起，運用了相當豐富的半音，因此被視爲邁入浪漫晚期風格的先驅。此後他持續地探索半音與和聲，終於在《莎樂美》等作品中，爲現代主義音樂奠定了基礎。而荀白克所提出的「和聲學」與「十二音列理論」，更是深深影響了二十世紀音樂的發展。至於安東・魏本，他的晚期浪漫主義風格也是受到馬勒的影響，後來在老師荀白克的指導下，他開始創作大量無調性音樂。風格自由，樂器簡潔，並且開始在音色序列法中，不停的變換音色組合，並且在十二音作曲技法創作外，亦展開點描主義音樂的嘗試。

中國八世紀以李白爲首的唐朝詩人；與西歐二十世紀初，從浪漫主義過渡到現代主義的音樂家們，兩者之間，產生了密切的連結。唐詩空靈的韻致對無調性音樂的啓發，無疑是個很有意思的跨領域藝術課題。都說音樂無國界，在這裡我還看到了無論在哪個國度，哪個時代，文學與音樂永遠撫慰著悲傷的靈魂。

悲歌行

悲來乎，悲來乎。
主人有酒且莫斟，聽我一曲悲來吟。
悲來不吟還不笑，天下無人知我心。
君有數斗酒，我有三尺琴。
琴鳴酒樂兩相得，一杯不啻千鈞金。
悲來乎，悲來乎。
天雖長，地雖久，金玉滿堂應不守。
富貴百年能幾何，死生一度人皆有。
孤猿坐啼墳上月，且須一盡杯中酒。
悲來乎，悲來乎。
鳳凰不至河無圖，微子去之箕子奴。

漢帝不憶李將軍，楚王放卻屈大夫。
悲來乎，悲來乎。
秦家李斯早追悔，虛名撥向身之外。
范子何曾愛五湖，功成名遂身自退。
劍是一夫用，書能知姓名。
惠施不肯干萬乘，卜式未必窮一經。
還須黑頭取方伯，莫謾白首為儒生。

採蓮曲

若耶溪傍採蓮女，笑隔荷花共人語。
日照新妝水底明，風飄香袂空中舉。
岸上誰家遊冶郎，三三五五映垂楊。
紫騮嘶入落花去，見此踟躕空斷腸。

春日醉起言志

處世若大夢，胡為勞其生？
所以終日醉，頹然臥前楹。
覺來眄庭前，一鳥花間鳴。
借問此何時？春風語流鶯。
感之欲嘆息，對酒還自傾。
浩歌待明月，曲盡已忘情。

挑戰孔夫子？——〈嘲魯儒〉

最近常思考一個問題，孔子既然創立了儒家，那麼「儒」這個概念是從哪裡來的呢？原來最早期，「儒」是指一種術士，不是我們現在說的江湖術士，而是廟堂上的術士，他們有特殊的知識，專門負責宗教祭祀儀式以及禮儀制度。所以《說文解字》說：「儒，術士之偁。」

後來到了春秋時期，所有的禮儀制度都被世人拋諸腦後。於是在那「禮崩樂壞」的時代，孔子便志在復興禮樂傳統，進而以此爲基礎，發展出他的學術思想與教育實踐。於是我們明白了《周禮．天官》解釋「儒」曰：「以道得民。」以及鄭玄注云：「諸侯保氏有六藝以教民者。」

接下來，我又產生了一個問題，儒者爲何又被指爲「腐儒」呢？杜甫晚年寫〈江漢〉詩，一開頭就自稱：「江漢思歸客，乾坤一腐儒。」這個詞原本是指別人不合時宜，但是如果是在自己說自己的情況下，難免就有一些自詡正直而且有抱負，只是不通世務，不會鑽營，以至於被棄置不用，並爲此感到自憐的意味。況且杜甫還是個「乾坤一腐儒」。試想天地之大，人是如此的渺

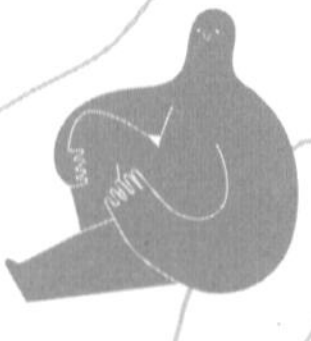

小！何況還是一個思想陳腐之人，所謂「材不為世用，道不行於時也」。當杜甫說自己是浩瀚宇宙中，最微不足道的一個無用之人，這時我們能從他的句子裡，感受到詩人正因懷才見棄而為自己發出不平之鳴！

然而，如果情況相反，「腐儒」這一詞，不是用來自嘲，而是特別針對他人，那恐怕就罵得很凶了！李白在山東對著孔夫子家鄉的後進們，毫不客氣，一開口就罵：「魯叟談五經，白髮死章句。問以經濟策，茫如墜煙霧。」所以李白根本就看不起那些只顧熟讀經書，對於社會時事以及經國濟世方略茫然無所知的讀書人。其實他算是罵對人了，因為漢代以降，山東一帶儒學分為魯學與齊學，前者重視章句，往往皓首窮經；後者傾向實用，而且因時因地融通制宜。李白在〈嘲魯儒〉一詩中所痛罵的那群人，正是距離曲阜只數十里的一群讀書人。開元二十五年，李白居住在兗州瑕丘，我們要想像一個畫面：一代詩仙酒狂，站在孔子故里周邊，大罵魯儒！李白是不是又喝醉了？還是他真想挑戰孔子？

其實李白罵得也不對，因為魯儒主要的學問就是在治經，包括：《詩》、《書》、《禮》、《易》、《春秋》，這幾部都是儒家聖賢的經典，學問很大。因此曲阜一帶的學者們潛心求學，他們本來就不指望走濟世這一條路，甚至可以說是看不起那些趨炎附勢的齊學派。李白在〈嘲魯儒〉中舉了叔孫通的例子，但是我不知道當時那些被他罵的人有沒有反擊？因為叔孫通正是魯儒們最瞧不起的那種趨炎附勢者。

漢初，劉邦稱帝，大臣們上朝時個個都很沒有禮貌！有人在飲酒，有人在爭論，然後飲酒的那些人開始酒後喧嘩，稍有一言不合，甚至拔劍相向！宮殿霎時成了競技場，漢高祖已經不知道自己爲什麼要當這個皇帝？簡直無奈！

於是叔孫通請旨前往山東邀請儒者來朝廷建立禮樂制度。沒想到叔孫通到了山東，儒者卻說：「今天下初定，死者未葬，傷者未起，又欲起禮樂，公所爲不合古，吾不行。公往矣，無汙我！」叔孫通笑道：「若眞鄙儒也，不知時變。」後來叔孫通帶了三十位懂得通權達變的儒生回到長安去制禮作樂。而且他們還知道揣摹上意，想來漢高祖一定很不耐煩那些繁文縟節，因此他們盡量做到簡化：「五帝異樂，三王不同禮。禮者，因時世人情爲之節文者也。故夏、殷、周之禮所因損益可知者，謂不相復也。臣原頗采古禮與秦儀雜就之。」從以上《史記・劉敬叔孫通列傳》的記載，我看到一件事：叔孫通之所以能夠做到將「古禮與秦儀雜就之」，毫無顧忌地拿古禮與秦儀炒成一盤什錦雜燴，那是因爲他在乎的根本就不是古禮，而是皇權。果然漢高祖七年，長樂宮落成，大臣們上朝行禮如儀，再也沒有人敢讙譁失禮。皇帝爲此龍心大悅！「吾乃今日知爲皇帝之貴也。……乃拜叔孫通爲太常，賜金五百斤。」而且叔孫通從山東帶來的那些「識時務者」，都封爲郎中，於是郎中們便積極擁戴叔孫通，稱他爲「聖人」。

我們從小就知道：孔子的中心思想是仁，亦即忠恕之道，因此儒家的學問乃是道德心性之學，而所有的禮樂制度，都根源於道德理性，同時夫子欲以此擴充四海而達至王道的境界。可是叔孫通卻打著孔子的旗號來奉承君王。我相信孔子如果知道了，他也不會同意。所以那些反對叔孫通的人，言下之意是：「如今天下初定，死傷者還在苦難中，而禮樂文化至少需有百年的歷史積累才得興盛，不是急功近利之徒能夠一蹴而就的。」當然叔孫通也回敬他們是「不知時變的鄙儒」。

其實反對者說得有道理，在哀鴻遍野的蒼茫大地上，如何驟談禮樂文化？果然後世的史學家司馬光就指責叔孫通爲了逞一時之功而制禮作樂，將新舊文化雜糅在一起的結果，就是使得古禮徹底失傳了！怎奈司馬遷在《史記》中，還是盛讚叔孫通：「因時而變，爲大義而不拘小節。」

其實李白也知道，像他們這樣有經濟之才和王霸大略的人，與皓首窮經、一生追求高深學問的學者，並不是同路人：「君非叔孫通，與我本殊倫。」所以他叫那些不通庶務，不達時事的書呆，還是回老家去繼續耕種和讀書吧。「時事且未達，歸耕汶水濱。」

有趣的是，大家記不記得《三國演義》裡的孔明也曾大罵腐儒？小說第四十三回寫舌戰群儒，軍師只憑一番唇槍舌劍，便折服了江東多少豪傑！然而這段精彩的論辯其實是出自於元末明初羅貫中的生花妙筆。據正史《三國志》記載，諸葛亮當初只遊說了孫權一人。因此我們可以說，從兩漢到元、明，魯學與齊學之爭，從未衰歇。我們看《三國演義》：

座上一人忽曰：「孔明所言，皆強詞奪理，均非正論，不必再言。且請問孔明治何經典？」孔明視之，乃嚴畯也。孔明曰：「尋章摘句，世之腐儒也，何能興邦立事？且古耕莘伊尹，釣渭子牙，張良、陳平之流，鄧禹、耿弇之輩，皆有匡扶宇宙之才，未審其生平治何經典。豈亦效書生，區區於筆硯之間，數黑論黃，舞文弄墨而已乎？」嚴畯低頭喪氣而不能對。

忽又一人大聲曰：「公好爲大言，未必眞有實學，恐適爲儒者所笑耳。」孔明視其人，乃汝南程德樞也。孔明答曰：「儒有君子小人之別。君子之儒，忠君愛國，守正惡邪，務使澤及當時，名留後世。若夫小人之儒，惟務雕蟲，專工翰墨，青春作賦，皓首窮經，筆下雖有千言，胸中實無一策。且如揚雄以文章名世，而屈身事莽，不免投閣而死，此所謂小人之儒也。雖日賦萬言，亦何取哉！」程德樞不能對。

看來，經世致用者說話總是比較大聲！《紅樓夢》裡有一個新鮮詞：「時尚之學」。歷代的讀書人都太渴望踏上仕途、步入官場了。所以積極用世便成爲主流趨勢，而多數人追求的價值與目標，就成爲「時尚之學」了。這些人希望突顯自己的才華與政治抱負，只要能被朝廷看重，就有機會飛黃騰達！因此，像李白和孔明這一類型人物，都不會一輩子僅專精在某個學問上，他們一個才華洋溢，一個才幹十足；一個希望玄宗召見，一個在等三顧茅廬。李白嘲諷魯儒，孔明舌戰群儒，然而他們兩位本身也都是儒家的信徒，也很清楚自己的道路。

君不見，李白直至晚年還投入李璘幕府，並且寫下了〈永王東巡歌〉：「長風一掃胡塵淨，西入長安到日邊」。李白希望從政的人生理想與信念是貫徹始終的，永王李璘謀反的罪名被平反，是唐代宗以後的事。古諺云：「成者為王，敗為寇。」若是當年永王成功了，李白學以致用的理念一定能實現。怎奈時不我與……。

皓首窮經的人，可以不問世事，漁樵耕讀一生，閒雲野鶴，詩酒年華。但積極用世者，最怕的就是「時不我與」，而可嘆的是，這四個字同樣可以放在孔明的身上。

嘲魯儒

魯叟談五經，白髮死章句。
問以經濟策，茫如墜煙霧。
足著遠遊履，首戴方山巾。
緩步從直道，未行先起塵。
秦家丞相府，不重褒衣人。
君非叔孫通，與我本殊倫。
時事且未達，歸耕汶水濱。

斯人獨憔悴！——李白與遣唐使阿倍仲麻呂

西元二〇〇四年考古隊在陝西西安發現了名字是「井眞成」的遣唐使墓誌銘，開頭寫道：「命遠邦馳騁上國蹈禮樂襲衣冠束帶朝難與儔矣豈圖強學不倦聞道未終……。」日本人從西元六三〇年起的二百多年間，一共派遣了十多批使節赴唐朝學習禮樂制度與文化，所謂「蹈禮樂襲衣冠」正是這些遣唐留學生的學習目標，同時使節團還能帶回許多東亞地區的重要情報。然而上述這位井眞成雖然「強學不倦」，只可惜「聞道未終」竟不假天年。而在遣唐使中，不能學成回國的人，還有李白的好友阿倍仲麻呂，他在中國待了五十三年，於玄宗、肅宗、代宗三朝歷任高官，最後也長眠於中國，沒能如願返鄉。

如今阿倍仲麻呂紀念館坐落在陝西西安興慶宮公園裡。另外在江蘇鎮江北固山，也有他的紀念碑，上面鐫著日文和歌，大意是：阿倍仲麻呂經常遙望東方，在皎潔的月光下，思念著他的家鄉日本奈良。

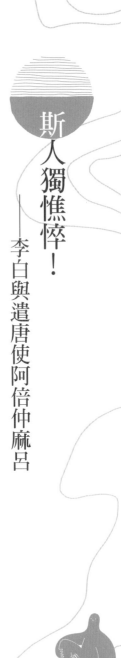

當年日本派遣留學生到中國學習，每一回出海的人數都在五百上下，分四艘大船前進。但是什麼樣的人會被選中，進而成爲遣唐使呢？我們從阿倍仲麻呂的身上，約略可以看出當時選才的標準。首先，他的父親是一位中務大輔，大輔是正四位親王以下的最高長官，屬正五位。而中務便是模仿自唐代的中書省。唐時，中書令即爲宰相職。所以我們知道阿倍仲麻呂出身於高官門第。再看他的出生地，資料上寫著：大和國。這裡就是今天的奈良，古代是近畿，而且也是日本國的發源地。阿倍系出名門，世居文化古都，又是家中的長子，再加上他的漢學語文能力極佳，於是在他二十歲那年獲得選拔成爲遣唐使。當年這些留學生學成回國之後，往往會有很好的前途，例如與阿倍仲麻呂同梯的吉備眞備，回國後，便在日本做官，做到正二位右大臣，至明治時期，還追贈勳二等。

可是阿倍這個人很特殊，他不回日本，卻立志在唐朝做官，因此苦讀之後參加了科舉考試，並且高中進士。然後從九品芝麻官一路往上爬，因爲他的品行詩文都是一流的，很快地便在玄宗身旁擔任衛尉卿，唐玄宗賜名晁衡。晁衡最後官至從二品潞州大都督、光祿大夫、兼御史中丞、北海郡開國公，食邑三千戶。如今我們看新舊兩唐書都記載晁衡「慕中國之風，因留不去」。而當時他在長安最要好的朋友之一就是李白。

李白進宮的時間在天寶元年（西元七四二年），當時玄宗看了李白的詩賦，也非常欣賞，即令他爲供奉翰林，與阿倍一樣亦隨侍左右。那時阿倍已經在朝廷做官十七年了，所以應該算是李白的老前輩。可惜小人讒言迷惑了君王，因此才短短兩年，李白便離開了長安城。從此浪跡天涯，雖說是寄情於山水，但李白既有意於仕途，那麼他雖處江湖之遠，卻也時時關注廟堂的動向。當李白突然聽說阿倍仲麻呂在返回日本的途中，發生了船難！估算一下，從他出海至今，已經五個多月沒有消息了。同梯的船隻比較幸運，躲過了颶風，已經安然地回到日本。這樣看來，阿倍仲麻呂恐怕已經罹難了。李白傷痛之餘寫下了〈哭晁卿衡〉：「日本晁卿辭帝都，征帆一片繞蓬壺。明月不歸沉碧海，白雲愁色滿蒼梧。」好朋友如同明月沉入大海，李白的心情就是就像是憂愁的白雲繚繞在青山周圍，久久不忍離去。

我想，阿倍一定是人緣極好的，因為李白已經離開長安近十年了，一朝聽聞他的噩耗，還能立刻寫下這首情感真切的詩。然而，李白在這件事情上，還真的是鬧了一個大烏龍！原來阿倍並沒有死。

當時海上風暴將他們的船隻沖到了安南驩州，也就是今天越南中部偏北，在海岸線上最美麗的一個省——乂安省。而越南在宋代以前，長期隸屬於中國，因此阿倍等人好不容易上岸之後，其實也還沒有眞的出境。可是不幸的災難一波接一波，他們剛剛死裡逃生，幸免於風暴的摧毀，卻又被盜賊搶劫，大約是覬覦日本人船上的財貨吧，土匪一共殺害了一百七十多人！幸好阿倍與友人再度受到幸運之神的眷顧，躲過了這場血腥屠殺。此後歷經千辛萬苦，他們終於在隔年回到了長安，當初船上有好幾百人，如今回來的只剩下十多位。然而悲慘的故事仍持續延伸，阿倍回到長安是在天寶十四載，熟悉唐史的人都知道，安史之亂爆發了！

當時戰場延燒至河北、山西、陝西、河南……，頃刻之間，天下大亂！幸因張巡、許遠將安祿山的軍隊堵在睢陽，因此江南得以保全，還有西南，於是唐玄宗奔往蜀地避難，途中犧牲了楊貴妃，與此同時，李白帶著妻子也為躲禍上了廬山，而阿倍仲麻呂則渾然不知，一路奔向長安……。

雖然此時長安一空，阿倍卻被一首詩感動得情懷滿溢。聽說這是李白為自己所寫，阿倍當即也賦詩一首〈望鄉〉：

卅年長安住，歸不到蓬壺。
一片望鄉情，盡付水天處。
魂兮歸來了，感君痛苦吾。
我更為君哭，不得長安住。

生逢亂離，阿倍直至生命的盡頭，都「歸不到蓬壺」；李白更難，不僅「不得長安住」，晚年竟遭流放夜郎。我想，在他們臨終前，可能都很遺憾，阿倍因暴風和戰亂，回不了故鄉；李白「若負平生志」，滿腔的熱情與一生的理想，終究沒有實現。阿倍只比李白大三歲，李白六十一歲時，「枕上授詩稿」，然而詩集未成，詩人卻已病重不起。八年後，七十二歲的阿倍仲麻呂亦撒手人寰。這一對始終互相惦記著的朋友，邇後在天上，應能再續友愛的詩緣。

時光荏苒，悠悠過了一千年。日本來到了江戶時代，此時突然出現一群詩人熱愛李白！甚至於想代替阿倍仲麻呂回贈詩歌予李白。首先是江戶時代中期的詩人藪孤山作〈擬晁卿贈李白日本裘歌〉：「長安城中酒肆春，胡姬壚上醉眠新。長揖笑謝天子使，口稱酒仙不稱臣。忽思天姥駕天風，夢魂飛渡鏡湖東。百僚留君君不駐，紛紛餞祖傾城中⋯⋯。」在日本人的眼中，李白永遠是浪漫的似神仙，當他下凡到人間，不是在酒肆中，就是在金鑾殿，或者就是在從酒肆被抬到金鑾殿的途中，那時他忽然想起連接著天空的天姥山，於是李白一伸手便駕馭了天風，而人間的帝王與百姓想留他也留不住⋯⋯。藪孤山遙想感念李白，希望代阿倍仲麻呂將一領日本輕裘贈予詩仙：「仙裘仙客一何宜，醉舞蹮蹮拂綺席。昂藏七尺出風塵，已如脫籠之野鶴。」想像李白穿上日本裘，在沉醉中翩韆起舞，漸漸超塵出世，如同脫離了牢籠，翺翔於天際而展翅高飛的仙鶴，這樣的美感，代表了日本人眼中李白的形象。不僅藪孤山熟讀李白的〈夢遊天姥吟留別〉，因而有此續作。還有同時代稍晚的青山佩弦齋，他和許多中國人一樣最喜愛李白的〈望廬山瀑布〉：「日照香爐生紫煙，遙看瀑布掛前川。飛流直下三千尺，疑是銀河落九天。」於是寫下一首〈李太白觀廬山瀑布圖〉與李白展開一場千年對話，詩云：「筆下有神驅迅雷，香爐峰畔紫煙開。天公不惜銀河水，直為謫仙傾瀉來。」青山佩弦齋這首詩對李白的讚美與崇拜之情，溢於言表。

此外，還有江戶時代前期的伊藤東涯，他曾抄錄了一整本李白的詩歌集，如今這可是非常珍貴的名家手稿本。同時代的雨森芳洲在《橘窗茶花》裡說自己案上常置李白詩集，還有芥川丹丘、謝蕪村等人都有與李白相關的文藝創作。而李白對日本江戶時代文壇及藝術界的影響之大，實已超乎我們的想像。

遙想千年前，長安城「冠蓋滿京華」，卻惟有李白「斯人獨憔悴」。倘若他知道，在很久很久以後，遙遠大海的另一端，那個阿倍仲麻呂日夜思念的國家，會有這麼多詩人崇拜他、喜愛他，是不是也多少能夠得到一點安慰？

難！——〈行路難〉、〈蜀道難〉

「難」這個字其實很難寫，意思也很難解。就字形而言，從金文、大篆、小篆到隸書，基本上寫法都很接近，也就是形體差異不大。然而在造字本義上，就出現了幾種不同的說法，其中有說：這個字的左上方是一個人雙手被綁住的樣子，右邊是一隻鳥，我們所看到的「隹」，在《說文解字》裡解釋道：「鳥之短尾之總名也。」而束手就縛的下方，則是表現大火熊熊燃燒的狀態。因此這個字便呈現出巨大災難之意。關於字形所代表的涵義，還有另一種說法，即左半部是被捆綁的受刑者，右半部是一隻猛禽，所以這個酷刑是讓猛禽將人啄食而死！無論是被燒死，或是被啄死，這個字都意味著大難當頭。

然而，「難」這個字，從字面上的「酷刑」之意，轉到文學世界裡，就出現了很豐富的象徵意義。在漢魏之間興起的樂府詩就有兩「難」，一是「行路難」，二是「蜀道難」。我們看唐代吳兢《樂府古題要解》中的說明：詩人若以「行路難」爲題，那麼他多半就是在表達世路艱

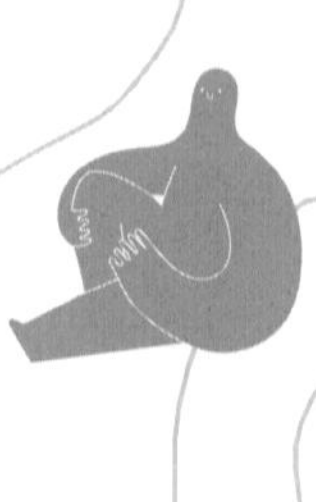

難，以及離別悲傷之意，而且詩句的開頭往往是以「君不見」爲起始。至於「蜀道難」則因四川棧道石梁橫亙、山路難行，於是詩人力求表現出蜀地有銅梁、玉壘兩座高山，其形勢之異常險峻峭拔。

李白本人很鍾愛古體詩和樂府詩，因爲形式自由，不太需要受到格律的拘束。所謂樂府古題有：短歌行、燕歌行、白頭吟、陌上桑等一百三十七種古人常用的詩題，而在李白自由發揮的寫作過程裡，古題中的兩「難」，他都寫到了。〈行路難〉一詩，他藉由現實道路的曲折，來感嘆人生處處是艱難的處境。「欲渡黃河冰塞川，將登太行雪滿山。」「冰塞川」、「雪滿山」，人生有多少理想，就會相對地受到多少阻難，所以想成功，眞的好難！「行路難，行路難，多歧路，今安在？」

而在〈蜀道難〉裡，則著力鋪陳崇山峻嶺之崎嶇險阻，藉以奉勸友人蜀地不宜久留。他大嘆：「噫吁嚱，危乎高哉！蜀道之難，難於上青天！蠶叢及魚鳧，開國何茫然！爾來四萬八千歲，不與秦塞通人煙。西當太白有鳥道，可以橫絕峨眉巔。地崩山摧壯士死，然後天梯石棧相鉤連。」這個地方開國已經有四萬八千年了！但是從來不能與外界往返溝通，這樣我們就能理解，蜀道眞是難於上青天了！

李白形容這巖山棧道之難以攀登：「黃鶴之飛尚不得過，猿猱欲度愁攀援。」這個連黃鶴都飛不過去，而擅長攀藤攬葛的猿猴看了都頭疼的地方，不僅危險，還充滿了憂傷的情調：「但見悲鳥號古木，雄飛雌從繞林間。又聞子規啼夜月，愁空山。」白天夜裡，鳥兒的啼鳴，叫人憑添愁思。還有呢，這裡的官員個個像豺狼，待在這兒，早晨得躲避猛虎，晚上要提防毒蛇！這些野獸天天磨牙吮血，殺人如麻，實在令人心驚膽戰！「所守或匪親，化爲狼與豺。朝避猛虎，夕避長蛇，磨牙吮血，殺人如麻。」這麼惡劣的環境，老朋友啊！我勸你還是早點回家吧！「錦城雖云樂，不如早還家。蜀道之難，難於上青天，側身西望長咨嗟！」每每側身西望，都只能留下一聲長嘆！

李白寫這首詩，究竟是在勸誰回家呢？歷來有兩種說法。其一是杜甫，他有個仇人叫嚴武。嚴武性情非常凶悍！他八歲的時候，看見父親疼愛小妾，竟然用鐵錘殺了小妾！還反問他父親：「你厚待小妾卻鄙薄妻子，這樣還像個國之重臣嗎？」杜甫原本與嚴武兩人是好朋友，而且杜甫曾經爲嚴武寫過三十多首詩。不料有一次杜甫喝醉了，對嚴武說話不太禮貌，他說：「嚴挺之乃有此兒！」從《新唐書》記載的這個故事看來，嚴武可能眞的很生氣！因爲從小他就教訓過他的爸爸，現在竟然被杜甫說：「你父親怎麼會有你這樣的兒子！」因此嚴武懷恨在心，好幾次都埋下殺手要殺杜甫，「最厚杜甫，然欲殺甫數矣」。有一回事先被嚴武的母親知道了，這才緊急救了杜甫。

昔日最好的朋友，如今卻成了一名處心積慮陰謀危害自己的殺手！李白年輕的時候也殺人，可是現在卻爲杜甫感到心驚膽戰，因此勸道：「其險也如此，嗟爾遠道之人胡爲乎來哉！」李白眞不知道杜甫爲何要待在這樣一個危險的地方？

不過，另外還有一種說法，李白所勸之人並非杜甫，而是王炎。據史料記載，此人曾經在江西、湖北、福建等地任官，但是沒有調任四川的紀錄。而無論是為了入蜀遊玩，或是因有臨時公差，李白都勸他盡早離開。

若是有人問我：李白這首詩究竟是為誰而寫？我認為，他是為自己而做的。我們先看唐代孟棨《本事詩》的描寫：「李太白初自蜀至京師，舍於逆旅，賀監知章聞其名，首訪之，既奇其姿，復請所為文。出〈蜀道難〉以示之。讀未竟，稱嘆者數四，號謫仙。」所以急著離開四川蜀地的正是李白自己，當他在長安城見到了賀知章，這位官拜太子賓客、銀青光祿大夫兼正授祕書監的大詩人和書法家時，李白拿出來的作品正是他的〈蜀道難〉。賀知章只念到：「噫吁嚱，危乎高哉！蜀道之難，難於上青天！蠶叢及魚鳧，開國何茫然！爾來四萬八千歲，不與秦塞通人煙……。」詩還沒有讀完，已是驚嘆連連！在《舊唐書》裡記載：「初，賀知章見白，賞之曰：此天上謫仙人也。」《新唐書》也有：「天寶初，南入會稽，與吳筠善，筠被召，故白亦至長安。往見賀知章，知章見其文，嘆曰：『子，謫仙人也！』言於玄宗，召見金鑾殿，論當世事，奏頌一篇。帝賜食，親為調羹，有詔供奉翰林。白猶與飲徒醉於市。帝坐沈香亭，意有所感，欲得白為樂章，召入，而白已醉，左右以水靧面，稍解，授筆成文，婉麗精切無留思。」

因為有這首〈蜀道難〉，李白成功地打進了官場的核心，帝國的層峰。所以我說這首詩也可以看成是他為自己寫的，而且是他早年鑽得意的一篇作品。從他為賀知章所賞識，進而做到供奉翰林，亦可見李白以這首詩干謁，算是成功地讓自己華麗轉身了。

至於後來得罪了高力士，升官之途又被楊貴妃所阻擋，「帝愛其才，數宴見。白嘗侍帝，醉，使高力士脫靴，力士素貴，恥之，擿其詩以激楊貴妃，帝欲官白，妃輒沮止。」最後致使玄宗「賜金放還」，讓他離開京城，李白自己恐怕還是要負點責任了。李白從二十五歲起，想盡辦法離開四川，往帝都中心挺進，其間無論是透過玉眞公主，或是四明狂客，也曾巴結過韓荊州，更不惜蹈險犯下謀逆之罪，進入永王李璘的幕府……。雖然他曾經離夢想很近，然而經過一次又一次的鎩羽而歸，恐怕李白也不得不感嘆，人生走到底，才知「行路難」。

行路難・之一

金樽清酒斗十千，玉盤珍羞直萬錢。
停杯投箸不能食，拔劍四顧心茫然。
欲渡黃河冰塞川，將登太行雪滿山。
閒來垂釣碧溪上，忽復乘舟夢日邊。
行路難！行路難！多歧路，今安在？
長風破浪會有時，直掛雲帆濟滄海。
大道如青天，我獨不得出。
羞逐長安社中兒，赤雞白雉賭梨栗。
彈劍作歌奏苦聲，曳裾王門不稱情。
淮陰市井笑韓信，漢朝公卿忌賈生。
君不見昔時燕家重郭隗，擁篲折節無嫌猜。

劇辛樂毅感恩分，輸肝剖膽效英才。
昭王白骨縈蔓草，誰人更掃黃金臺？
行路難，歸去來！
有耳莫洗潁川水，有口莫食首陽蕨。
含光混世貴無名，何用孤高比雲月？
吾觀自古賢達人，功成不退皆殞身。
子胥既棄吳江上，屈原終投湘水濱。
陸機雄才豈自保？李斯稅駕苦不早。
華亭鶴唳詎可聞？上蔡蒼鷹何足道？
君不見吳中張翰稱達生，秋風忽憶江東行。
且樂生前一杯酒，何須身後千載名？

蜀道難

噫吁嚱，危乎高哉！蜀道之難，難於上青天！
蠶叢及魚鳧，開國何茫然！
爾來四萬八千歲，不與秦塞通人煙。
西當太白有鳥道，可以橫絕峨眉巔。
地崩山摧壯士死，然後天梯石棧相鉤連。
上有六龍回日之高標，下有衝波逆折之回川。
黃鶴之飛尚不得過，猿猱欲度愁攀援。（「攀援」一作：攀緣）
青泥何盤盤，百步九折縈巖巒。
捫參歷井仰脅息，以手撫膺坐長嘆。
問君西遊何時還？畏途巉巖不可攀。
但見悲鳥號古木，雄飛雌從繞林間。
又聞子規啼夜月，愁空山。
蜀道之難，難於上青天，使人聽此凋朱顏！

連峰去天不盈尺，枯松倒掛倚絕壁。
飛湍瀑流爭喧豗，砯崖轉石萬壑雷。
其險也如此，嗟爾遠道之人胡為乎來哉！（「也若此」一作：也如此）
劍閣崢嶸而崔嵬，一夫當關，萬夫莫開。
所守或匪親，化為狼與豺。
朝避猛虎，夕避長蛇；磨牙吮血，殺人如麻。
錦城雖云樂，不如早還家。
蜀道之難，難於上青天，側身西望長咨嗟！

延伸思考

當你正趕著去上學或赴約，擔心時間來不及的時候，突然看到一個小孩子在路邊哭著找不到媽媽，這時候你會怎麼做？

第三單元

菩薩蠻

菩薩蠻的粉絲！

——李白鼎州滄水驛樓填詞

「烏斯藏是個行事縝密，而且注重道德的人。他在夜色昏暗之際，騎著駿馬來到卓瑪的花樓前。按照摩梭人的禮俗，他不便從正門進入，於是使出矯捷的身手，徒手攀牆，兩三下功夫邊爬到了花樓的窗邊。

透過紅色透明的軟簾，他看見卓瑪小姐溫馨的閨房。這裡在初春時節的夜晚還點著火盆，屋頂有一扇精巧的天窗，月光灑入室內，正好照在他可愛情人的臉龐，同時也照見了卓瑪內心深處的惶惑與不安。

烏斯藏趕緊輕敲窗戶，卓瑪聽見了，立刻起身來開窗，卻不料烏斯藏在黑暗中左手攀附的其實是窗戶的扣把。當卓瑪將窗戶用力推開的時候，烏斯藏整個人的左半身也被推得往後仰，僅剩右手還抓在土牆的凹坑上。

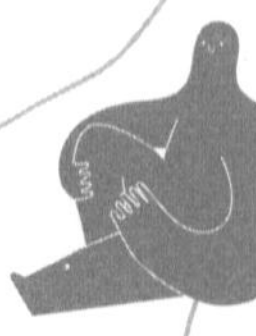

烏斯藏的身體在花樓窗外猛晃了一下，差點摔下去，跌成重傷！卓瑪也爲眼前的景象嚇了一大跳，然後心驚膽戰地重新將窗戶關上，確定烏斯藏攀附在土牆上，暫時平安無事之後，再小心翼翼地開啓木窗，伸手將烏斯藏拉進屋裡。

烏斯藏想到剛剛自己險些粉身碎骨，不由得緊緊地摟住卓瑪。卓瑪害羞得將他推開，烏斯藏滿臉不解地看著卓瑪，卓瑪只好藉口說道：『你忘了將帽子掛在門上了！』烏斯藏突然想起這是走婚的重要禮儀，將帽子或者配件掛在門外，暗示眾人千萬別誤闖。」

以上是我幾年前寫的一篇中篇小說裡的片段。這個故事講述雲南瀘沽湖女兒與男子「走婚」的情景。故事發生在落水村，那是所有水寨中的最深處，幾乎被世人所遺忘的神祕小村，也是世界僅存的母系社會。我本來就對「女兒國」感到好奇！當年在寫作的時候，也考察了許多古今史料，包含摩梭族人的戀愛、婚姻、家庭生活，以及信仰習俗等等。同時還想到了《西遊記》、《鏡花緣》這些明清說部，故事中也都鋪陳了西梁女國的傳奇。當然《紅樓夢》裡的「大觀園」也象徵著人們心中永恆存在的，青春不老的女兒國。

關於女兒國之載於史冊，可以回溯到唐代。原來唐人有「三寶」：崑崙奴、菩薩蠻和新羅婢。崑崙是指東南亞地區，包含今天的印度尼西亞、馬來西亞等地，因唐朝國力鼎盛與經濟富強，崑崙奴隸也一併隨著經濟力而被吸引進來。他們之所以是「寶」，乃是因爲這些傭人體格健碩，並且忠誠勇敢，因此當時的富貴之家與貴族、官員們趨之若鶩。於是崑崙奴在中國上層社會，便受到歡迎！至於新羅婢，則是來自於朝鮮半島。她們能歌善舞，而且最美麗的新羅婢還曾經被當作寶物，獻給唐皇室。

最有趣的是「菩薩蠻」！這也是一群來自異域的妙齡女郎，唐朝人簡直愛戀她們，爲她們癡迷沉醉！事實上，菩薩蠻是一群受過特殊訓練的女子，不僅擅長音樂歌舞，還能吟詩作賦，尤其懂得應對進退等中國禮數，爲的就是讓女蠻國進貢給唐王朝，以維持友好關係。關於當時的貢品，《杜陽雜編》一書中記錄了許多來自南洋群島的奇珍異寶，而且「所稱某物爲某年某國所貢者，如日林、大林、文單、吳明、拘弭、大軫、南昌、㴱東、條支、鬼谷、訶陵、兜離，《唐書・外國傳》皆無此名，諸帝本紀亦無其事」。

這本《杜陽雜編》指出菩薩蠻來自女蠻國：「大中初，女蠻國貢雙龍犀，有二龍，鱗鬣爪角悉備。明霞錦，雲煉水香麻以爲色，光渾映耀，芬馥著人，五色相間，而美於中華錦。其國人危髻金冠，纓絡被體，故謂之菩薩蠻。當時倡優，遂制〈菩薩蠻〉曲，文士亦往往聲其詞。更女王國貢龍油綾魚油錦，文采多異，入水不濡，云有龍油魚油也。優者更作〈女王國〉曲，音調宛暢，傳於樂部矣。」原來在唐宣宗大中初年，女蠻國曾經進貢「雙龍犀杯」，杯子上的龍鱗、龍鬣鬃、龍爪、龍角等，刻畫得栩栩如生。還有「明霞錦」，這樣的織錦光彩照人，且布料上染著濃郁的香氣能持續很長的時間。這段敘述令人聯想起《紅樓夢》第二十八回蔣玉菡送給賈寶玉的大紅汗巾是茜香國女國王進貢的寶物：「夏天繫著，肌膚生香，不生汗漬。」可知茜香國也是個女兒國度。

而這些來自女蠻國的物品，樣樣都比中國的精緻，更有那「菩薩蠻」，她們梳著高高的髮髻，佩戴閃爍的金飾，通身披掛晶瑩剔透的纓絡，因此被稱爲菩薩蠻。唐人既風靡於菩薩蠻，而當時的樂師也就爲她們創作了〈菩薩蠻〉曲調，是故成爲最早期的詞牌之一。接著就有許多文人開始以〈菩薩蠻〉的曲調來塡詞，這個詞牌因而從教坊曲逐漸變成詩人的純文藝創作。尤有甚者，〈菩薩蠻〉也風靡了皇室。五代詞人孫光憲在《北夢瑣言》記載：「唐宣宗愛唱〈菩薩蠻〉詞，令狐綯命溫庭筠新撰進之。」因此晚唐花間派詞人溫庭筠曾寫下十四首〈菩薩蠻〉，描寫女子嬌美艷麗的情態，其詞溫柔含蓄，濃艷華美之中亦不乏清新典麗的風格。我們最熟悉的一首，應該是〈菩薩蠻．小山重疊金明滅〉吧！

「小山重疊金明滅，鬢雲欲度香腮雪。懶起畫蛾眉，弄妝梳洗遲。照花前後鏡，花面交相映。新帖繡羅襦，雙雙金鷓鴣。」這首詞的第一句，即令人彷彿瞥見了菩薩蠻眉間金燦燦的裝飾。正因爲首句寫得這麼美，所以〈菩薩蠻〉又得了另外一個別名，叫做〈重疊金〉。此外，南唐李後主特別著重在這一群異國女郎優雅亮麗的高髻上，因此特稱爲〈菩薩鬘〉。南宋詩人韓淲塡這闋詞時，因有：「新聲休寫花間意」，故而〈菩薩蠻〉又稱爲〈花間意〉。此外，還有〈梅花句〉、〈花溪碧〉、〈晚雲烘日〉等別名。而當初的菩薩蠻女郎主要來自東南亞半島，包括傳說中的女蠻國也在其中。於是在溫庭筠的這闋詞裡，例如：「鬢雲欲度香腮雪」、「照花前後鏡，花面交相映」等句，都讓我們依稀可以想見這些妙齡異國美女的溫柔美麗與嫵媚纏綿。

其實比溫庭筠更早填寫〈菩薩蠻〉的文人是李白：「平林漠漠煙如織，寒山一帶傷心碧。暝色入高樓，有人樓上愁。玉階空佇立，宿鳥歸飛急。何處是歸程？長亭連短亭。」這首詞起始即引人進入到秋冬冷寒蕭索的景象中，通篇寫到最後，也點出了作者落寞的心情。而許多人都以為，唐人寫詩，宋人填詞，因此這首〈菩薩蠻〉的來歷，曾有一度令宋人迷惑不解。直到宋代僧人文瑩著《湘山野錄》云：「此詞不知何人寫在鼎州滄水驛樓，復不知何人所撰。魏道輔泰見而愛之。後至長沙，得古集於子宣（曾布）內翰家，乃知李白所作。」

唐代鼎州在今天的河南，滄水就是源自湖南滄山的滄浪水。我們很熟悉的一段《孟子・離婁》記載，孔子周遊列國，來到這裡聽見一首小兒歌謠，詞曰：「滄浪之水清兮，可以濯我纓；滄浪之水濁兮，可以濯我足。」除了具體的地理位置之外，在文化語境中，「滄浪」一詞具有豐富的意涵，首先是「隱逸」的思想，《易》曰：「天地閉，賢人隱。」於是「滄浪」給人一種高人逸士，生命純淨無垢的懷想。並且到了宋代，嚴羽作《滄浪詩話》，在《詩辨》中云：「盛唐詩人惟在興趣，羚羊掛角，無跡可求。故其妙處透徹玲瓏，不可湊泊，如空中之音，相中之色，水中之月，鏡中之象，言有盡而意無窮。」嚴羽論詩獨抒性靈，強調「詩者，吟詠情性也」，希望詩人有眞實的感受，才能抒發出感動人心與引起共鳴的作品。

這眞誠的文學，出現在當日鼎州滄水驛樓，即興填寫這首〈菩薩蠻〉的人正是李白，他在樓頭放眼望著一片蒼茫的江水，那時已接近傍晚時分，他獨自一人佇立於此，大地一片空寂，只有遠遠天邊有急切飛還的倦鳥。鳥兒尚知歸返，詩人卻不知在迢遞的旅途中，何處是自己的歸程。

這無疑是他真實的感受，一時間失去了人生的目標，感受不到向前進的動力，驀然回首，卻沒想到在這人生的逆旅中，會與一群艷麗絕倫的菩薩蠻擦身而過，或許看著她們熱情的演出，反而使自己的心情更加寂寞難堪？其實我們只要想想，到了宋代，多少人填寫〈菩薩蠻〉，然而它也僅僅就是一千多個詞牌格式中的一個。而唯有李白，既填寫〈菩薩蠻〉，又很可能親見「菩薩蠻」，於是我想天地還是獨厚於李白，或許他可能還是早期第一批菩薩蠻的粉絲呢！

衰颯之氣——李白與辛棄疾

在十二世紀中葉，中國北方爲金國女貞人所占領和統治，當時女貞族非常歧視漢人，數據顯示：女貞人僅占全國人口的14%，但是他們擔任文武官員者，卻占有絕對的多數。從律法方面來看，更是不公平！女貞人與漢人發生衝突時，無論孰是孰非，漢人的官職將立刻解除。諸如此類壓制漢人的行爲源自於「磨勘法」。此外，他們還對漢人發布「改俗令」，命令漢人削髮、短襟、左衽，不從者，當正典刑。不僅如此，金人頻頻強占漢人良田，以遂其遊牧活動。又施行不公平的賦稅制度……。總之，淮河以北的廣大地區，漢人民怨沸騰，尤其是山東人深受括地之害，他們稱女貞人爲「種人」：「仇撥地之酷，睚眥種人，期必殺而後已。」

就在這個時候，有位憤怒的青年，名字叫辛棄疾，才二十一歲，竟然能夠糾集二千多人隨他抗暴起義！他帶著這些人去投靠山東義軍領袖耿京。這時候金朝的壓迫更嚴重了，辛棄疾告訴耿京：「我們應該與南宋的軍隊合力作戰。」耿京非常信任辛棄疾，隨即派他帶著十人到建康城與宋朝人聯繫。事情很順利，宋高宗封耿京爲天平節度使，封辛棄疾爲天平軍掌書記。

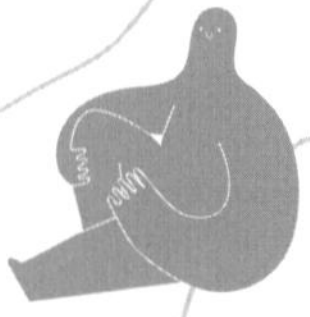

辛棄疾得令，立即掉頭趕回山東，走到半路竟然聽說，耿京被部下張安國殺死！而且這群部下已經全部降金。辛棄疾悲憤不已！當下率領精兵直奔金營，在敵方出其不意的情況下，衝進金朝中軍，活捉張安國，將他一路拖到臨安，斬首示眾！

然而，辛棄疾最英雄無敵的年代，也就這樣短暫地過去了。往後的幾十年，他都待在南宋，可惜官場不如意，朝廷主和派往往占上風，他終究沒有再得到施展抱負的機會了。而我們年輕時代，最愛反覆引用他的詞，像是：「醉裡挑燈看劍，夢回吹角連營。」「想當年，金戈鐵馬，氣吞萬里如虎。」「天下英雄誰敵手？曹劉。生子當如孫仲謀。」「把吳鉤看了，欄杆拍遍，無人會，登臨意。」這些作品展現了他復國無望，人生失意的愁悶心情。我們都應該從上述那樣的經歷背景中來體會他的心情。

此外，我們還欣賞他這一類的詞：「少年不識愁滋味，愛上層樓。愛上層樓。爲賦新詞強說愁。而今識盡愁滋味，欲說還休。欲說還休。卻道天涼好個秋。」「我見青山多嫵媚，料青山見我應如是。」「千金縱買相如賦，脈脈此情誰訴？」「眾裡尋他千百度。驀然回首，那人卻在，燈火闌珊處。」從這些詞作中，我們看到，豪放詩人也有婉約唯美的一面。

當我們脈脈含情地注視著辛棄疾時，我們會發現，這位曾經的憤怒青年，也曾經非常崇拜李白。他的名作〈憶李白〉：「當年宮殿賦昭陽，豈信人間過夜郎？明月入江依舊好，青山埋骨至今香。不尋飯顆山頭伴，卻趁汨羅江上狂。定要騎鯨歸汗漫，故來濯足戲滄浪。」

「不尋飯顆山頭伴」，李白曾經調侃杜甫：「飯顆山頭逢杜甫，頭戴笠子日卓午。」辛棄疾多麼懷念李白和杜甫兩位巨星還在世的時候，那樣的一個文學輝煌的盛世啊！而杜甫曾經說過：「應共冤魂語，投詩贈汨羅」，隨著老杜追念李白的心願，辛棄疾也想過，「卻趁汨羅江上狂」。特別是在建功立業、收復失土的願望於宦海浮沉中，逐漸離他越來越遙遠，他便開始羨慕李白，羨慕他的瀟灑，羨慕他的自由自在。也許辛棄疾的豪放詞與婉約風，都各有一部分是來自他對李白的羨慕與習染吧。

說起李白的豪放，我覺得應該先看這四個字：「縱情山水」。他的一生，至少遊歷了相當於現在的十八個省分，登上八十多座高山，也渡過了六十多條大河，行程應有好幾萬公里！這樣的胸襟和氣魄，才能夠養成他「豪放」的性格，因而寫下〈將進酒〉這樣大開大合，狂放激越，讀之令人迴腸蕩氣的詩作。而辛棄疾能夠欣賞他，理解他，正因爲彼此是同道中人。辛棄疾在〈太常引〉中也有此豪邁的氣勢：「乘風好去，長空萬里，直下看山河。」

此外，李白的詩〈南陵別兒童入京〉也是他才華鼎盛時期，所自然流露出生氣勃勃，精神昂藏的狂傲之作。「仰天大笑出門去，我輩豈是蓬蒿人！」還有一首大家也相當熟悉的〈夢遊天姥吟留別〉，在這首詩裡，詩人表現得極爲豪放不羈，又浪漫神祕，與如夢似幻的天姥山麓一般，具有仙人的風骨。他在宮廷待了兩年，受了一肚子氣，之後訪遍名山大川，瀟灑自在遨遊於世間，才是眞正做了自己。他狂放清高、仙氣飄飄，視富貴如浮雲，功名利祿算得了什麼？「安能摧眉折腰事權貴，使我不得開心顏。」這就是他眞正做回自己以後，我們所認識的高姿態的、睥睨塵俗的謫仙李太白。

我們認識李白，除了「縱情山水」之外，我認爲另外還有一個更重要的關鍵詞，那就是「天寶氣象」。如今留在人世間李白唯二的詞作，便是〈菩薩蠻〉與〈憶秦娥〉，後者也是典型的豪放詞。「簫聲咽，秦娥夢斷秦樓月。秦樓月，年年柳色，灞陵傷別。樂遊原上清秋節，咸陽古道音塵絕。音塵絕，西風殘照，漢家陵闕。」王國維在《人間詞話》中，稱此作「以氣象勝」。

而我們在文學史上，常聽說「盛唐氣象」，那指的是唐玄宗開元年間，前後維持了三十多年恢宏大氣的帝國景象。然而時序進入天寶以後，在文化藝術上亦表現出博大雄渾、氣韻天成、意境開闊的心胸與境界，但是卻多了一分悲涼之慨。李白的〈憶秦娥〉就有這樣的氣氛：「西風殘照，漢家陵闕」，明代學者胡應麟因而指出這首詞「氣亦衰颯」，彷彿讓我們看到物寶天華、歌舞昇平的背後，已經浮現危機重重、勢不可逆逆的衰景。辛棄疾感受到了那樣悲涼的氛圍，因爲他已經一輩子飽受山河破碎之痛，與無力收復之哀。壯志成空，胸中鬱結著英雄無用武之地的愴然，使他站在南北宋之交，突然也看懂了李白所生活的年代，從開元逐漸滑向天寶的許多無奈與悲哀吧！

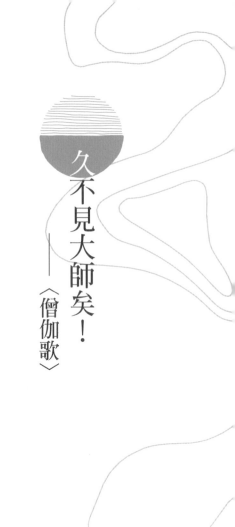

久不見大師矣！——〈僧伽歌〉

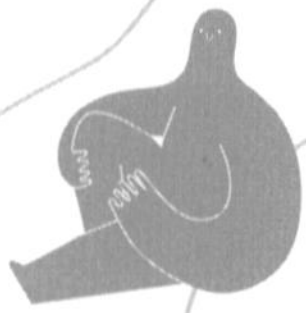

唐朝是個佛國，如果走在長安街上，經常可以看到來自各國的外僧，日本天臺宗高僧圓仁，他同時也是第十九次遣唐使團的成員，他以中文寫了一部日記體的遊記著作《入唐求法巡禮記》，書中提到他在京城遇到了天竺、日本、新羅、獅子等國的僧侶，可見當時各國僧人匯聚於此。其中的獅子國，就是今天的斯里蘭卡。像圓仁這樣千里迢迢來到中國傳道或者學習的高僧，還有南印度的金剛智，以及他的弟子不空。不空所主持的大興善寺，與玄奘主持的大慈恩寺，以及藝淨主持的薦福寺，都是唐代很重要的佛教經典譯場。當時還有來自印度的僧人那提，他一共攜帶了五百餘篋及一千五百餘部大小乘經律論梵本來到長安，並且奉詔於玄奘所主持的大慈恩寺翻譯佛經。

歷史上著名的玄奘法師，是在貞觀年間從四川成都一路遊學到長安的，起初的目標是爲了學習外國語文與佛學，因此先後師事道岳、法常與僧辯等多位大師。後來爲了追求更高深的學問以及解答心中諸多疑惑，玄奘展開冒險歷程，他越過八百里莫河延蹟到達高昌國。此後，繼續沿著西域諸國翻越帕米爾高原，在異常險惡艱困的環境下到達天竺。這段歷程，後世有許多通俗文本相繼展演，最後集大成爲經典小說《西遊記》。而《西遊記》中最有名的主角人物，莫過於孫悟空。西元二〇〇三年考古隊發現江蘇江陰有個悟空村，村中有一座悟空寺，寺中有觀音菩薩的銀瓶舍利。但是這座寺廟供奉的其實是唐代高僧僧伽大師，又稱爲大聖菩薩。看來這座考古基地很有《西遊記》的風味，也可見經典小說對民間信仰影響之深。

而這位僧伽大師，正是李白從小聽說過，並且心生景仰的對象，李白曾經爲他寫了一首〈僧伽歌〉：「眞僧法號號僧伽，有時與我論三車。問言誦咒幾千遍，口道恆河沙復沙。此僧本住南天竺，爲法頭陀來此國。戒得長天秋月明，心如世上青蓮色。意清淨，貌棱棱。亦不減，亦不增。瓶裡千年鐵柱骨，手中萬歲胡孫藤。嗟予落魄江淮久，罕遇眞僧說空有。一言散盡波羅夷，再禮渾除犯輕垢。」

明代僧人釋鎭澄有萬曆年間的著作《清涼山志》，書中指出：「僧伽師，南天竺人，持文殊五字咒，多神異。唐天寶間，來遊清涼，不入人舍，夜坐林野，攜舍利瓶，夜則放光。嘗入定於中臺之野，天花擁膝，七日乃起。經夏。還天竺，達長安，李太白作歌贈之。」這位胡僧爲了弘法，從南印度來到中國，他的修行境界已經到達了此心光明如秋月「亦不減，亦不增」，而民間一般相信他就是觀音菩薩的化身，因此考古隊發現的舍利銀瓶，可以說是觀音舍利瓶，並且前文釋鎮澄說道，這舍利瓶夜晚會發光！而我們也都知道現今所看到的觀音菩薩爲女相，其實是唐朝以後的演變。在唐代，觀音菩薩的容貌多爲男相，而且就是以僧伽的容貌爲模本。當然這形象也就是李白眼裡看到，心中想著的觀音菩薩。

李白形容他心中景仰的高僧大德：「戒得長天秋月明，心如世上青蓮色。」青蓮的葉面寬而且長，又是青白分明，因此印度人看到青蓮便聯想起佛的眼睛。《維摩詰所說經．卷上》：「目淨修廣如青蓮，心淨已度諸禪定。」目淨則心淨。李白修佛，即自號「青蓮居士」，尤其是當初他來到長安時，曾與那不相熟的湖州司馬自我介紹，詩云：「青蓮居士謫仙人，酒肆藏名三十春。湖州司馬何須問，金粟如來是後身。」青蓮一詞不僅源於佛經，同時也是李白曾經住了十多年的故鄉——劍南道綿州昌隆青蓮鄉。號稱「青蓮居士」還不夠，李白又說自己是維摩詰菩薩轉世，因爲傳說維摩詰是金粟如來的化身，他以在家居士的身分來襄助釋迦牟尼佛弘法，而李白也自許爲「在家居士」，以《維摩詰經．方便品》「入諸酒肆，能立其志」來修道。只不過，有時候李白也很感嘆，像僧伽這樣的大師，在自己九歲的時候便已經圓寂了。回想過往的歲月，半生漂泊，四海爲家，縱使有修佛之心，也已經許久未能遇到可以彼此切磋談論佛經的高僧了：「嗟予落魄江淮久，罕遇眞僧說空有。」李白感嘆：「久不見大師矣！」所以，他自號青蓮居士，還有另一層用意，那就是無需出家，做個在家修行的居士，時時自我惕勵，積極行善與修道：「一言散盡波羅夷，再禮渾除犯輕垢。」「波羅夷」是佛教所謂「重罪」的意思，因此修行的功夫應該要戒殺生、戒盜取、戒淫、戒妄語、戒自讚毀他……，我們不應該誇讚自己的功勞，而譏毀他人的過錯，不應該慳吝不布施，並且要記得時時誠心懺悔。修行之道，務求捫心自問，時時警惕，堅守戒規，卻又談何容易！《水滸傳》裡有一句話：「眾生好度人難度。」在一切有情有識的生物中，人心始終是最難度化的。因此「散盡波羅夷」，這不僅是李白的課題，也是我們每個人終身的生命課題。

寂寞身後事——〈獨坐敬亭山〉、〈臨終歌〉

王維與李白，各人頭頂一片天。一個是開元九年進士及第；一個是龍巾拭吐、御手調羹的供奉翰林。世人都曉，蘇軾稱王維詩中有畫，畫中有詩；而李白更是受到賀知章的讚譽爲天上謫仙人。王維中年以後，於藍田輞川營造別墅，在終南山過著半隱居的生活。李白卻始終有顆不安定的心，「賜金放還」之後，天下十停，走了不只五六停。王維是詩佛，他的山水田園詩有陶淵明的遺風；李白是詩仙，後世只有蘇東坡這樣的千古風流人物，可以與之相提並論。

王維與李白，這兩個看似不相干的人，其實有許多隱密的聯繫。其中之一是自唐代以來，便流傳著關於他二人與玉眞公主的緋聞。王維當年初次入京應試，結果落第，於是他抱起了琵琶，尋求門路，來到玉眞公主府，爲公主獻藝，第二年順利高中進士，而且受封爲太樂丞。因爲這是培訓宮廷樂團伶人的官職，因此許多人揣測，這是玉眞公主爲了讓他方便進出皇家內苑的刻意安排。然而不出幾個月，王維卻被貶到了濟州，於是大家又揣測，王維可能與玉眞公主鬧翻了。因

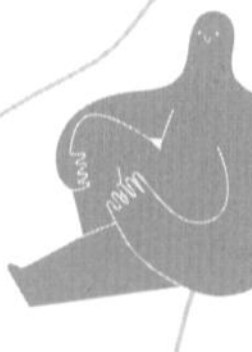

爲這段時間，王維私下娶了妻子……。又過了一段時日，李白入長安，他主動追求玉眞公主，爲她寫了一首〈玉眞仙人詞〉：「玉眞之仙人，時往太華峰。清晨鳴天鼓，飆欻騰雙龍。弄電不輟手，行雲本無蹤。幾時入少室？王母應相逢。」這首詩寫得豪放不羈，將玉眞公主比爲天上的神仙，一會兒變化出雙龍騰空，一會兒在山水之間玩起遊戲來，擅弄雷電，激波揚風，而她的行蹤也如雲一般飄忽不定。我覺得這首詩同時也寫出了李白自己的飄逸與狂放。此後，因爲有玉眞公主的推薦，李白才有了進宮面見唐玄宗的機會。

而玉眞公主是唐睿宗的第九個女兒，也是唐玄宗的同母胞妹。可能是從小看盡了宮廷鬥爭的險惡，並且她的親生母親也慘死於武則天之手，因此玉眞公主不願沾惹塵俗，執意出家修道，睿宗無奈，只得爲她和她的姊姊修建道觀。史載這座道觀有仿蓬萊、瀛州、方丈等海外仙山的景致，想來應是一座「璇臺玉樹，寶象珍龕」，仙氣飄飄的皇室園林。後來玉眞公主的姊姊金仙公主早逝，玉眞便展開了雲遊四海的生涯，她在王屋山等地，擁有許多道觀，另外在長安、洛陽等處也都有別館和山莊。李白當年住過她的別館，但因個性倨傲，日日沉醉，所以沒有在唐玄宗面前好好地把握機會，雖然進入了宮廷，到頭來卻是一場空。不過他對玄宗的妹妹，卻不倨傲，玉眞公主曾經走訪的名山仙跡，李白後來也一一探訪。而玉眞公主晚年住在今天的安徽敬亭山，而且在此病逝，同年，李白也在敬亭山下的當塗過世。他生前曾經寫過一首詩：「眾鳥高飛盡，孤雲獨去閒。相看兩不厭，只有敬亭山。」這首〈獨坐敬亭山〉，我也覺得寫出了李白自己的心境，尤其是「眾鳥高飛盡，孤雲獨去閒」，在他眼前，很多人都能夠展翅高飛，發展鴻圖，唯有他懷才不遇，有志難伸，只能做個閒雲野鶴，幸而還有一座敬亭山與他靜靜地相對，而且似乎深深了解李白寂寞的心情。

李白在大限來臨時，寫下〈臨終歌〉：「大鵬飛兮振八裔，中天摧兮力不濟。餘風激兮萬世，遊扶桑兮掛左袂。後人得之傳此，仲尼亡兮誰為出涕？」大鵬振翅奮飛，企圖越過八方，卻不料力量不濟而中途摧折。然而牠所餘之風卻足以激勵萬世。只可惜仲尼已亡，當初孔子發現太平仁獸麒麟已死，因而「泣麟」，痛苦地說道：「吾道窮矣！」李白也自比大鵬，然而大鵬中道崩殂，於是詩人呼號悲哭：「我死之後，還有誰能為我傷心涕泣？」

李白擁有自由浪漫的理想，在安史之亂中，他因三度受邀而赴尋陽入永王李璘幕，後來遭到流放，遇赦之後，已經六十一歲的李白，聽說太尉李光弼正率兵討伐叛軍，於是他去追隨李光弼希望能從軍殺敵，不幸中途染病，不得不鎩羽而歸。可憐他滿腔抱負一再落空。直到生命的盡頭，才體會「千秋萬歲名，寂寞身後事」，於是在臨終前，李白長歌當哭，自撰墓誌銘。

隨風直到夜郎西

——〈贈僧崖公〉

李白與王維都是大乘佛教徒，而且他們所嚮往的生活方式，也都直指維摩詰居士。所謂居士，就是指在家行善修道之人。事實上，維摩詰原本爲菩薩，祂化身爲居士來到婆娑世界，目的就是爲釋迦牟尼佛弘揚佛法。關於他的人間生活，在《維摩詰經》中，說得很清楚：「雖爲白衣，奉持沙門清淨律行；雖處居家，不著三界；示有妻子，常修梵行；現有眷屬，常樂遠離；雖服寶飾而以相好嚴身；雖復飲食而以禪悅爲味。」

居士雖然是在家修行的人，不過他已經能做到對所有的慾望，消除執著。雖然也有妻子兒女，但生活中仍以清淨修持爲主。與親戚朋友之間，盡量維持該有的責任與義務，但事實上，他已經在出世與入世之間，得到完美的平衡，這是一種高智慧的生存，內含著大自在的解脫。而王維與李白都嚮往這樣的精神生活。所以他們修佛，並且不約而同地趨向於維摩詰的境界。

王維的名與字都來自《維摩詰經》，而「維摩詰」這個詞，音譯自梵文，原義是「潔淨無垢」的意思。王維以此來取名，立意甚佳。因爲大乘佛教乃至於後來的禪宗，都強調修行的功夫不在文字，乃在於清淨本心，見性成佛。人在禪定之後，始可見心性清淨光明，於是便能開悟，這時我們才走到了修佛的起步，所以說：「悟後起修」。此等佛學乃是直指人心之學。

比王維小兩歲的李白，則自號「青蓮居士」，「青蓮」一詞也是出自《維摩詰經》。事實上在許多經文中皆如此讚美佛祖：「滿月為面，青蓮在眸」，「眼類井星，精若青蓮」，因此《維摩詰經》中的「青蓮」意指佛眼。大家還記得李白的眼睛吧？魏顥在〈李翰林集序〉描繪道：「眸子炯然」，崔宗之在〈贈李十二白〉中也形容道：「雙眸光照人」。李白的眼睛明亮有神，炯炯發光。可依舊只是一雙凡眼。以他的眸子仰望佛眼，依照《舍利弗阿毘曇論》所云，李白還需通過「天眼」來看穿所有因緣和合而產生的虛象，再經由「慧眼」觀佛法之實相，然後進入「法眼」，以使眾生證道。最後才能到達「佛眼」無事不知的境界。

我想李白學佛，為的是「舒壓」，他渴望減輕身心的壓力，於是平生交往了三十多位有名號傳世的僧人，而我們也可以藉此發現，李白大多數時候喜歡與之清談、品茗，乃至於吟詩。他在〈贈僧崖公〉詩中，描述了自己學佛歷程中所逐漸展開的「眼力」：「昔在朗陵東，學禪白眉空。大地了鏡徹，迴旋寄輪風。攬彼造化力，持為我神通。晚謁泰山君，親見日沒雲。中夜臥山月，拂衣逃人群。授余金仙道，曠劫未始聞。冥機發天光，獨朗謝垢氛。虛舟不繫物，觀化遊江瀆。」

李白曾經在今天的河南汝南一帶，跟隨白眉空學禪。當時他眼中的大地就像一面澄澈透明的鏡子，而天空卻充滿了迴旋變化的風雲。他曾經登上泰山，那時望見一輪火紅的太陽沒入雲海中，到了晚上，便躺臥在雪地裡，眼中皎潔的月光也使他感受到眞正的寧靜。修道之後，在他的眼裡，乾坤明朗，不染一塵。而身體就像不繫之虛舟，任其漂盪於江湖，而李白只是靜靜地觀其自在變化。

李白與王維，個性不同，秉賦亦有別，僅歲數相當，卻同樣引《維摩詰經》爲字號。他們對於維摩詰居士的認同，我想引《維摩詰經．文殊師利問疾品第五》中的一段話，來作爲註解。眾所周知，這一卷的背景是維摩詰居士病了，佛祖讓文殊菩薩去探病，但是文殊菩薩說：「世尊！彼上人者，難爲酬對。」因爲維摩詰深具慧眼，看清了佛法的實相，又辯才無滯，智慧無礙，對於所有的菩薩法式與一切諸佛祕藏之法，皆已神通，所以文殊菩薩怕是招架不住。不過，既然佛祖有令，文殊菩薩還是答應領命。一時間，八千菩薩、五百羅漢、千百位社會大眾都趕著去看熱鬧。然而維摩詰居士的住所那麼小，怎麼可能容納得了這浩浩蕩蕩的群眾呢？說也奇怪，維摩詰居士只是做了一個動作：「空諸所有」，這些人就全部都進去了。關鍵就在於「空」。

佛教所謂的空，即指「四大皆空」，包括：地、水、火、風。這四項的屬性分別是：堅硬、潮溼、溫暖、流動。而且這四者各自不能獨立自主，必須要互相配合，才能成事。例如：想要種一株玫瑰，首先需要堅硬的土壤，其次要流動的風，然後需要充足的水分，以及火熱的陽光。四者因緣聚合，就能生出一朵美麗的玫瑰。因爲地、水、火、風彼此互相關聯，也互相依賴。

此時，文殊菩薩率八千菩薩、五百羅漢、千百位社會大眾，都進了維摩詰居士的小屋，這乃是出於互相有關聯，以及互相依賴的各種因緣在此刻已經俱足，所以群眾得以齊聚一堂，聽兩位的智慧之言。維摩詰居士見文殊菩薩率眾而來，開口就說道：「善來，文殊師利！不來相而來，不見相而見。」我非常喜歡這段話，維摩詰居士很了解文殊菩薩，所以他說：你的本心眞性還坐在蒲團上如如不動，所以你並沒有來，但是爲了世俗人情上的應酬，我們還是見著面了，只是那眞如本性，我們是見不著的。李白與王維皆熟讀《維摩詰經》，雖然一心修佛，怎奈身在花花世界，那功名還是要的，千金散盡，也希望還復來。也要結婚生子，更避不開人情往來，因此對於「不來相而來，不見相而見」，深以爲然也。

只是，在安史之亂中，王維被安祿山軟禁在雒邑菩提寺，聽見他的下屬雷海青因不願爲安祿山演奏，竟然在凝碧池被凌遲處死，他難過得痛哭失聲！此時此刻該如何做到本心無垢，見性成佛？

同樣在安史之亂中，李白旅途中遇見玄宗第十六子永王李璘正在招兵買馬，趁著亂世想當皇帝。李白這塊大招牌因而捲入了皇權爭奪戰。李璘兵敗後，李白以附逆罪被判腰斬！幸而郭子儀爲他說情，於是改判爲流放夜郎。曾經是「天子呼來不上船」的皇室寵兒，如今淪爲貶謫西南夷的階下囚。李白年事已高，這一路山高水險，怎麼可能走得到？「我寄愁心與明月，隨風直到夜郎西。」

當初聽到被判腰斬的李白，與之後得知改判流放夜郎的李白，到底哪一個李白應該更難過一點？而此時該用慧眼、法眼還是佛眼，才能看得透、想得開？在人世間，修行最難。

天馬行空——趙翼評李白

清代乾隆晚期，臺灣發生了林爽文事件，此事對於清廷的震動不小。林爽文是臺灣中部天地會的豪強，一朝豎旗抗官，立即迅雷一般拿下了彰化，還殺了知府，然後攻下鳳山，只差沒有攻克臺灣府。當他率眾往嘉義以北挺進時，清廷發動粵、浙、贛、桂、黔、川、湘、鄂、蘇等九省軍隊，前往鎮壓，卻依然敗給了林爽文。

當時閩浙總督李侍堯敦請歷史學家趙翼入幕，趙翼就是著名《二十二史劄記》的作者。他能以自己的方法學，統觀歷代盛衰治亂之原。不過，林爽文事件發生時，趙翼已經因爲母親生病而辭官回故鄉，潛心讀書，講學於書院，過著隱居的生活。而在此之前，他曾是殿試擬第一，然而因爲乾隆皇帝看到前三名準進士分別來自：江蘇、浙江和陝西，可能是爲了穩定陝西的局勢，也爲了區域平衡，皇上將第一名和第三名的卷子對調，因此趙翼只取了第三名，授翰林院編修。後來，他曾經在軍機處行走，也曾兩度隨乾隆巡行塞外，爲清廷興兵征準噶爾作謀劃。

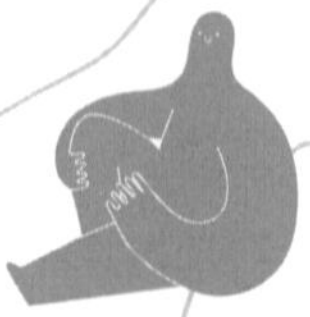

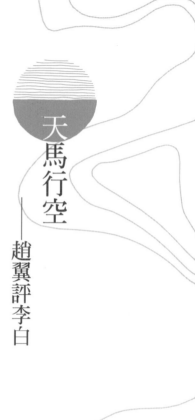

現在林爽文興兵，趙翼建議：打仗講求速度，攻其不備，不要老想著省錢，應該是要花錢補給充足的軍需，只要能早日成功，便值得了。此外，當時的臺灣總兵想要棄守，準備內渡。趙翼也極力勸阻，消息傳到北京，乾隆派欽差大臣福康安率兵渡海，與守臺官兵合力圍剿，最終平息了這場事變。事後，趙翼從歷史與戰略的角度客觀分析林爽文：當初如果想要成功，其關鍵在於能否拿下鹿港。

同時，面對林爽文事件，趙翼也拿出了他文學家的稟賦，一共寫了三十六首觀察臺灣的古典詩，例如：〈海上望臺灣〉、〈諸羅守城歌〉……。讀他的詩，有一個好處，他的語言白話易懂，像是〈軍中擒逆首林爽文檻送過泉紀事〉：「木籠裝囚語啾唧，兵衛簇成片雲黑。不須露布曳長縑，夾道爭看海東賊……。」這首詩一開頭就描繪出一幕場景，使讀者彷彿看見了林爽文，尤其是兵敗被捕之後的情況。那時只見囚車經過，衛兵團團將之包圍，民眾夾道爭看，這個人到底有什麼三頭六臂？然後再用倒敘法，回顧他起兵的始末。其實林爽文原本和大家一樣，也是個小老百姓，後來與一群亡命之徒揭竿而起，一時間勢力快速擴張，引得朝廷隔海調兵一萬有餘，三番赴救，兩路繼援……。趙翼寫的詩，就如同他本人一貫的文學主張：獨抒胸臆，不矯揉造作。

林爽文事件結束之後，李侍堯希望啓用趙翼，但是趙翼堅決辭官，他喜歡講學，也愛文學，當他一下筆寫詩，立刻洛陽紙貴，因而與袁枚、蔣士銓合稱爲「性靈派三大家」。在史學方面，他以所著《二十二史劄記》同王鳴盛的《十七史商榷》、錢大昕的《二十二史考異》並列為「清初三大史學名著」。除了歷史學的論述之外，他在文學評論方面也有一本非常重要的著作《甌北詩話》，這本書裡有一首詩以批評李杜詩入手，語言依然白話流利，內容則反映出他在文學史上的觀察與主張：「李杜詩篇萬口傳，至今已覺不新鮮。江山代有才人出，各領風騷數百年。」趙翼文學批評的角度其實還是史學的觀點，李白和杜甫的詩歌再好，也不能抹滅每個時代各有其創新的特色，而「創新」才是獨領風騷的契機。

事實上，趙翼在《甌北詩話》第一卷中即談到李白，而且將李白與杜甫放在書中的樞紐地位，並且從他們身上發展出趙翼本人的詩歌史論述。從他單論李白的篇章看來，趙翼對於李白這個「人」產生了極大的好奇！也許是他與李白的異質性高，因此在他心中引發了很大的興趣，例如：李白有俠客的一面，詩云：「結髮未識事，所交盡豪雄」，李白自稱剛滿十五歲便仗劍行走江湖，廣結天下英雄，並且「託身白刃裡，殺人紅塵中」。這樣一個快意恩仇的世界，行俠仗義的高手，在在讓這位書齋裡的教書先生趙翼，興起無限的想像空間。

其次是李白的仙道思想，趙翼發現這與他們所主張的「性靈」文學，在思想上有共通性。趙翼、袁枚、張問陶等人認為文學作品不應該只是一味地復古與模擬，而必須是寫出一份「眞」，那是發自內心的純眞與活潑。事實上，這一波思潮可以回溯至晚明，當時公安派的文人袁宏道曾說他弟弟袁中道的文章：「大都獨抒性靈，不拘格套，非從自己胸臆流出，不肯下筆。」有時情境對了，作家立刻從心胸之中吐露千萬言，就像江水滔滔向東流，簡直奪人魂魄！雖然這樣的文章難免也有小瑕疵，但也就是這些小瑕疵帶出了作家本色，因此性靈派的文人特別欣賞作品中的一些小缺點，因爲這代表文人在下筆的時候，未曾刻意粉飾，只是率性的表露他自己。而這樣的文學表現，其實也正是李白詩歌的特色，很可以爲李白詩歌風格做註解。

趙翼有一點說得非常好！他說李白很熱衷求取功名，其目的不是爲了自己的富貴與權勢，而是爲了實現「濟民」的理想。我欲在此下個批語：這就是李白的率眞之處。

此外，我也注意到，趙翼評論李白的詩，用了「天馬行空」四個字來形容。他說：「自有天馬行空，不可羈勒之勢。」而事實上，在李白的時代，還沒有「天馬行空」這句話。我們先想像一下，趙翼誇獎李白的詩文豪放不羈，一點也不受到世俗人情的拘束，就像天馬自由自在翱翔於空中。這是多麼夢幻的誇讚！而這句話乃出自明代劉廷振之語：「其所以神化而超出於眾表者；殆猶天馬行空而步驟不凡。」趙翼以此來形容他心目中的李白，其實並不亞於賀知章所驚嘆的「天上謫仙人」。尤其是李白的古風和樂府詩，趙翼已然爲之傾倒，因此當他說出：「李杜詩篇萬口傳，至今已覺不新鮮。」其實只不過是爲了聳人耳目，讓我們陡然一驚！繼而意識到一代有一代的文學，並且個人有個人的風格。趙翼其實並無新意，他充其量只是重複著袁宏道的意思：「詩何必唐，又何必初與盛？要以出自性靈者爲眞詩耳。」

只是我們左思右想，那出自性靈，任眞性情自然流露者，最鮮明的例子，應當還是李白。

十喪其九——李白的詩幾乎不存

白居易四十三歲那年，被貶到今天的江西九江。雖說「江州司馬青衫溼」，但是我發現其實他並不像自己說的那樣悲戚，相反地，他開始好整以暇地著手編輯自己的詩集。他將八百多首詩整理成十五卷，並爲此事寫了一首詩，送給他的好朋友元稹，以及當時的宰相李紳。〈編集拙詩成一十五卷因題卷末戲贈元九、李二十〉，就像我們每個人有新作品出版時，所感受到的喜悅與光榮，白居易很得意他的一篇〈長恨歌〉加上十首〈秦中吟〉，這兩大作品不僅已在世間廣爲流傳，而且還是元稹與李紳所佩服和模擬的佳作篇章。而且這首詩的第三聯也引起了我的共鳴：「世間富貴應無分，身後文章合有名。」作家要的就是這個。

最近藉由這首詩，我又進一步思考了另一個問題：文人是怎樣將自己的作品保存，進而流傳下來的呢？在現代，我們可以藉由出版紙本書、電子書、有聲書等形式，甚至於可以上傳雲端、社群軟體，乃至於區塊鏈等等，以確保自己的作品存世。

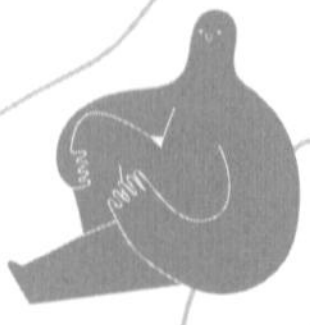

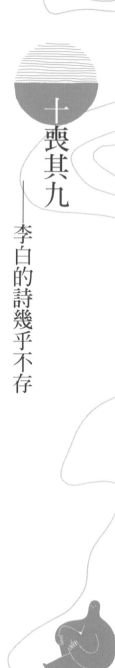

然而在古代，則必須等到宋朝時才出現活字版印刷術，因此我們看到十世紀之後的文人所能保存下來的文獻數量，遠遠大於從前。這就能解釋，爲什麼蘇東坡僅僅是文章，就有四千多篇！而李白的詩只剩下九百首，當然這也與李白的個性有關，也許他過於瀟脫，隨寫隨丟，我們總是見他揮一揮衣袖，曾不吝惜去留。不像白居易那樣，刻意珍惜加以編纂留存。

李白的詩保存下來的已經不多了，更可惜的是，我們如今面對僅存的李白詩歌，還需要進行眞僞的判斷。目前收錄於《李白全集》的作品總共有一千零一十首，我們粗估，他這一生所創作的詩歌，應該在一萬至四萬首之譜。而如今這僅存下來的一千篇作品，還有一些被考訂是僞作，因此眞正是李白的作品就不到一千了。然而即使是這不到一千首，如今能夠保存下來，讓我們閱讀，其間要感謝的人太多了！目前看來，唐人所搜集編纂的李白詩文，後來都在宋版的李白集中得到保存。然後是宋人所編纂的各種李白集，從樂史的《李翰林集》與《李翰林別集》共三十卷以降，各家的李白集雖有編年本、分類本等不同體例，但是絕大多數的篇幅都在明代獲得復刻出版，顯見李白的魅力可以橫跨數百年而不衰。

有明一代，對於保存李白詩貢獻最大的人，莫過於出身於藏書世家的文人胡震亨。他因爲看不慣閹黨魏忠賢等人的行徑，於是憤而離開了官場。又因爲嗜書如命，日夕之間手不釋卷，因此獲得了「第一讀書種子」的美譽。胡震亨辭官之後，歷經十七載而完成了唐詩史上不可磨滅的巨著《唐音統籤》，接著他又寫了《李詩通》與《杜詩通》，這些史料與書籍後來都爲清初康熙皇帝所繼承，因爲他最喜愛的就是唐詩，皇帝希望能夠在明代文人的基礎上，編纂出一套史上絕無僅有的《全唐詩》。而這個任務，就落在了《紅樓夢》的作者曹雪芹的祖父江寧織造曹寅的身上。曹寅於是在展開募款的同時，帶領著江南文人承接了這項大規模的編輯工程。

一年之後，《全唐詩》收編工作告竣，所收唐詩共四萬八千九百多首，李白的詩作收錄於卷一六一至卷一八五共二十五卷，每卷二十六首，一共六百五十首。繼曹寅之後，又過了一百三十多年，思想家龔自珍出，他分外推崇李白，就是因爲太愛了，因此務必要揀別出眞正屬於李白的親筆詩。於是龔自珍寫下〈最錄李白集〉，文章伊始即指明：「《李白集》，十之五六僞也：有唐人僞者，有五代十國人僞者，有宋人僞者。」從唐朝跨越五代十國以至於宋，僞作李白詩者，可謂層出不窮。所以眞正出自李白手筆而存世的詩歌，恐怕眞是不多！

事實上關於這個問題，歷代各詩家也都心知肚明。最早是李白的族叔李陽冰，他爲李白編輯詩集的時候，已經說了：「當時著述，十喪其九，今所存者，得之他人焉。」李白的詩，在他本人還活著的時候，就已經散佚了十分之九，更令人咋舌的是，大家讀得津津有味的李白詩，其實根本是他人僞作的。至唐代中期以後，比李白晚六十幾年的韓愈也曾經非常感嘆地說：「惜哉傳於今，泰山一毫芒。」

入宋以後，蘇軾、黃庭堅、蕭士贇都在李白詩上從事辨僞的工作，其中僅蕭士贇一人就考證出七首僞作。至於清代中葉，龔自珍所讀到的版本乃是宋人各自拿出家藏的李白集所補綴出來的。龔自珍頗為感嘆，因此他也花了一些時日來辨別李白詩的眞僞。面對他所判定的結果，實在很令我們洩氣！他說：「予以道光戊子夏，費再旬日之力，用朱墨別眞僞，定李白眞詩百二十二篇。」他爲這些眞正出自李白的作品，下了一段最高級的評語：「莊、屈實二，不可以並，並之以爲心，自白始。儒、仙、俠實三，不可以合，合之以爲氣，又自白始也。」這世界上實在不可能有第二個人能夠兼有莊子與屈原的氣質；也很難找到一個人像李白這樣既是儒家本位，又透著一股道家仙氣，並且一生仗劍走天涯！

在我們所有讀者的心目中，李白憑著奔放的豪情與擊劍任俠的壯志，早已成爲盛唐精神昂揚奮發的時代風雲標竿。尤其是龔自珍親自判定眞正屬於李白的一百多首古詩及樂府，讓喜愛他的粉絲，讀其詩如見其人。龔自珍說：李白的身上結合了莊子與屈原的心性，以及儒家、仙家、劍俠三者合一的氣度。這樣一個不可多得的人間奇才，竟不能好好保存自己的作品，這眞是人類文化史上最遺憾的一件事了！

好浪漫呀！——一口氣讀三首李白詩

前天偶然間在Line上與朋友接力寫起小說來。故事場景是他起頭的，時間就設定在上個世紀中葉，人們還沒有習慣使用手機的年代。我們一來一往書寫了幾個回合，因爲故事中的主角彼此之間無法即時聯繫，所以造成了幾度令人遺憾的錯過。等到我抛出了一個帶著淡淡的哀愁與略感歲月滄桑的人物處境之後，便打開另一個視窗去參與視訊會議了。會議結束後，再回來，卻看到朋友說：「這個小說好像接不下去了……。」

其實小說創作，一半靠的是人生經驗，另一半就得讓想像力盡情地發揮。如果是詩人，那麼想像力的比重應該還要更高些。因此我認爲所謂有才華的人其實都是想像力很豐富的人。那麼古人是如何判定一個人具有文學才氣呢？關於這個問題，最有名的故事應是——詠絮才：

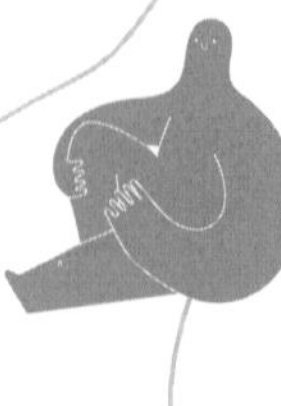

謝太傅寒雪日內集，與兒女講論文義。俄而雪驟，公欣然曰：「白雪紛紛何所似？」兄子胡兒曰：「撒鹽空中差可擬。」兄女曰：「未若柳絮因風起。」公大笑樂。即公大兄無奕女，左將軍王凝之妻也。

謝太傅之所以大笑起來，顯然是欣喜於謝道韞對「白雪紛紛」這樣的景象，擁有比謝朗更唯美與詩意的空間想像。《世說新語．言語》記載了這個故事，因而使得才女之名，永垂千古。

歷代詩人詠雪，已蔚爲大觀！根據四庫館臣們共同推薦的超級類書《淵鑑類函》記載，詠雪詩最多的時期，集中在唐代。言下之意，唐人最愛以雪的聯想，來抒發他們的詩興。而我同時也覺得一個時代的詩人集體喜愛歌詠飄雪的銀白世界，那就是一個浪漫的時代。在這個較浪漫的時代，我最欣賞的一首詠雪唐詩，是邊塞詩人岑參的〈白雪歌〉，對於白雪紛紛何所似？岑參的回答是：「忽如一夜春風來，千樹萬樹梨花開。」詩人不畏苦寒，將飛雪的景象想像成爲一片豐美的梨花樹林，於是當下便漫天飛舞著嬌柔、清純、甜美的花瓣，構成了靚豔寒香的風雅世界，簡直令人沉醉！

相較於岑參的唯美想像，杜甫就現實多了，他的〈對雪詩〉也想將白雪擬爲飛花，然而也許是北方大地太冷冽蕭條了，以至於限制和中斷了他的想像力：「隨風且間葉，帶雨不成花。」我們將時光拉到一千年後的清朝初年，著名的書畫家鄭板橋也有〈詠雪〉詩，但是我們看了可能會覺得很好笑！「一片兩片三四片，五六七八九十片。千片萬片無數片，飛入梅花總不見。」

談到這裡，大家會不會很想知道眞正的大詩人李白，是怎麼詠雪的呢？他在〈清平樂．畫堂晨起〉這闋詞裡先說道，早起便有人來報，天上正墜落著紛紛的雪花。他用一個「墜」字，我眞的好喜歡！彷彿顆顆晶瑩透亮的雪花都有了分量。這也是一般人想不到的修辭。於是他捲起簾櫳，想好好欣賞這一場瑞雪精彩的演出。只見庭園裡一片皓亮，強烈的雪光掛在小草間，就像是片片美玉。最後，重點來了，白雪紛紛何所似？李白說：「應是天仙狂醉，亂把白雲揉碎。」詩人乾脆將自己寫到了天上去……。

醉仙大發狂語，既有畫面感，又實在出人意料！怎不令人拍案？下回出國旅遊，在北海道、哥本哈根、瑞士、哈爾濱等地，欣賞那搓棉扯絮的雪花與望眼無際的白茫茫大地之餘，我們也可以問問自己：「白雪紛紛何所似？」試著發揮創意，看想像力能將我們帶到哪裡去？

文學之美，美在詩人的幻想世界奇譎詭變，每每出人意表。此外，文學之美，亦美在乍現的動態詞彙，讓人措手不及，彷彿一顆陡然落在懷裡的繡球，使我們既驚又喜！而在題材方面，古典詩人除了吟風之外，就是詠月了。此間不做第二人想，當然是李白。他的「舉頭望明月，低頭思故鄉」、「長安一片月，萬戶搗衣聲」、「月下飛天鏡，雲生結海樓」，以及「今人不見古時月，今月曾經照古人」等等名句，都是大家耳熟能詳的。然而若是論起想像力，我們應該要一起來讀一讀〈遊洞庭湖五首．其二〉，李白在深秋的夜晚遊湖，水天一色，湖面澄澈如畫。多希望這艘小舟能夠載著他直接流上天。此刻月色極美！李白要是上了天，就能夠與「飛在白雲端」的大月亮對飲了！

「可是不行！我沒有酒！」李白想喝酒，那是再正常不過的事，然而他此刻已是千金散盡，捉襟見肘。想來想去，只能這樣了：「且就洞庭賒月色，將船買酒白雲邊。」月亮月亮，妳那銀色的光芒是如此的迷人！眞是無價之寶！能不能賒一點月色給我？讓我划著小船去買酒，等一會兒，我就在那白雲邊和妳約會吧。

對李白來說，月色可以賒欠，酒卻不能不喝！詩人著一「賒」字，是不是眞有一點讓我們難以接招？李白動詞的選用，經常是藉由想像力的勃發，才迸現出來種種不可思議的奇思妙想。

然而，李白最關心的事情，可能不是動詞的問題，應該是喝酒的時候，酒伴在哪裡？我們來看他的〈短歌行〉：「白日何短短，百年苦易滿。」只看這破題第一句，就能聯想起曹操的同名詩歌，他說：「對酒當歌，人生幾何！譬如朝露，去日苦多。」李白的詩像是模擬曹操而作，所以當曹操接著說：「慨當以慷，憂思難忘。何以解憂？唯有杜康。」那李白一時間又來了酒興，既感嘆人生苦短，時空無涯，眼看著「麻姑垂兩鬢，一半已成霜」，何不對酒當歌，人生盡歡呢？於是他乘坐著六條龍駕駛的車，掉頭回到太陽女神羲和每日升起之處。痛飲之際，酒伴倒是現成的，是誰呢？剛剛不是有六條龍嗎？「吾欲攬六龍，回車掛扶桑。北斗酌美酒，勸龍各一觴。」其實這六條龍並不是李白專擅，曹操當年也與祂們相伴，在〈氣出唱〉裡，曹操開頭就說道：「駕六龍，乘風而行。行四海，路下之八邦。」因此李白寫〈短歌行〉倒像是直接向曹操致敬，他似乎是亦步亦趨地追隨者前輩詩人的創作元素，但又經過了自己的妙手變化，因此曹操只管成就自己的霸氣；而李白則是自然而然地流露出自己的仙氣。天上的龍兒都成了他乾杯的酒友；雲間的月亮也是他賒欠的對象。

下回若是我們再度感覺自己想像力枯竭，寫作缺乏靈感，工作失去創意，生活中少了一點浪漫的色彩……，那就是到了該多讀李白詩的時候了。

明朝有意抱琴來

——李白的知己

李白對誰最好？有人說是女人與酒。我想想，好像也對。只不過循著這條思路，另外便也有人指責他：李白對朋友可就不用心了。關於這一說，我可以替他辯白幾句。李白有時候對待朋友的態度看似隨興了一點。例如：他在〈山中與幽人對酌〉裡，先說與朋友兩人在滿山的野花叢間對飲，他們是「一杯一杯復一杯」，這麼樣喝酒，大家不要覺得不習慣，李白在太多詩篇裡都是這樣喝的，例如：「百年三萬六千日，一日須傾三百杯」、「愁來飲酒二千石，寒灰重暖生陽春」……。這樣縱情狂飲，最後的結果，當然是醉了。

李白醉了就想睡，於是他直接對朋友說：「我醉欲眠卿且去，明朝有意抱琴來。」詩人告醉求臥，因說道：「你先回去吧！明天如果還有興致的話，不妨帶琴來彈彈。」這麼被李白揮之即去，又招之即來，並且還交代他要來就帶琴來，這樣的朋友會是誰呢？難道此人眞的就那麼卑微嗎？李白在詩題上稱他爲「幽人」，這個詞其實暗藏了玄機。

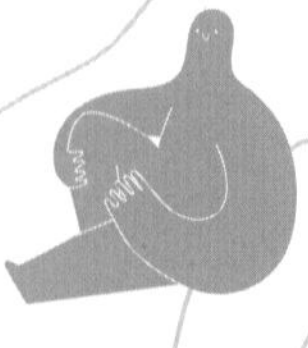

原來「幽人」一詞在唐詩中是經常出現的。我們僅看中唐詩人韋應物的作品，就不知道出現了多少次呢！他在〈喜園中茶生〉一詩中提及飲茶可以洗淨心中的俗塵煩擾，因為茶帶有山中的靈性。當他某天偶然進入到一個荒涼的園子裡，不經意瞥見茶樹與其他的花草一併生長著，這份意外的欣喜，只能夠對懂得的人說：「喜隨眾草長，得與幽人言。」所以在這裡，「幽人」乃是知己。

此外，在另一首詩裡，韋應物說他某一天外出，突然為了一片新生的竹林而緊急停下車來。他真是非常迷戀這十數竿嫩綠的竹子！像這樣一處分外雅致寧謐的天然竹林，絕不能讓兒童來這裡遊玩喧擾，頂好是將這不可多得的私房景點，靜靜地留給那知心可意的人，唯有審美趣味和他相同者，才懂得品賞這竹林中難得的一份幽靜。所以韋應物說：「留待幽人回日看。」這是繼品茶之後，又一位可以與他一同品竹的同道中人。

其實韋應物最有名的一首「幽人詩」，應該是〈秋夜寄邱員外〉：「懷君屬秋夜，散步詠涼天。空山松子落，幽人應未眠。」韋應物在擔任蘇州刺史時，喜歡與邱丹往來。邱丹這個人，原本也做官，但是實在不慕名利，內心世界恬淡自適，於是辭官歸隱。韋應物太欣賞他了！因此寫了這首詩送給他，詩人獨自思量：在深秋的夜晚，一個人獨自散步，走著走著就想寫信給邱丹。這樣寂靜的夜，秋意濃，突然間一顆松子落下，喚起了他寂寞的感受。在這冷靜的季節裡，安寧的空氣中，真想念知心好友啊！這是個美麗而又淒涼的時刻，猜想遠方的他應該也睡不著吧？

韋應物寫得如此深情，該是「一種相思兩處閒愁」，而那「幽人」的語境於此又提升到更高的層次，已不僅是知己。

於是我們回過頭來再看李白，就知道詩仙當時在對誰說話了。那也是一位仙氣飄飄的高人隱士。能夠被李白稱爲「幽人」的朋友，當然不同凡俗。這裡的「幽」也有幽隱之意。《周易》云：「天地閉，賢人隱。……遁世無悶……高尚其事。」雖說讀書人往往汲汲於功名，然而世間仍不乏學問好又才德兼備的賢士，只是他們不願意做官，因此成爲隱士。既是歸隱山林，當然也就不願藉由李白的詩歌來留名。因此李白就稱他的這位知己好友爲「幽人」。就像《周易》上說的，這些隱逸者皆「遁世無悶」，之所以無悶，是因爲他們擁有太多自己感到很有樂趣的事物，而且都是些非常高雅的喜好，於是他們得以在山林之間「高尚其事」。要不李白怎麼會在入睡前，不落俗套又輕鬆隨意地對這位朋友說：「明天還來的話，就順便帶琴來吧。」不是要他帶食物或水果，而是抱著古琴來。我們如果讀懂了這首詩，就能瞬間明白，李白寫詩雖然迅捷，看似天然未經雕琢，但是其實他的用字遣詞還是精心設計的，「抱琴來」三個字，已充分暗示我們，這位幽人乃是只在此山中，雲深不知處，惟靜坐撫琴，而能傾聽自己內心聲音的高人逸士。而他既然與李白互爲知己，李白對他當然也就不必拘泥於小節了。

詩人太深情！——李白的離別曲

鋼琴詩人蕭邦，十九歲那年，在華沙音樂學院認識了美麗的女同學葛拉柯芙絲卡。這麼可愛的女生，主修是聲樂。蕭邦曾幾度鼓起勇氣要向她告白，但最終都因爲性格太害羞了，所以沒有成功。後來時代發生巨變，波蘭人反抗沙俄，掀起了革命，社會一片動盪，人心惶惶，導致波蘭人大批移民。蕭邦也在此時離開了華沙，他原本想去義大利，可是義大利也在紛擾中，因此鋼琴家最後選擇去巴黎。臨行前，蕭邦在葛拉柯芙絲卡的面前，彈奏出著名的「離別曲」，以鋼琴流瀉出的音符來訴說他的渴慕與愛戀，同時也向這美麗的女子告別。這一場愛戀雖然結束了，然而「離別曲」卻成爲浪漫時期永恆不朽的經典，在後世愛樂者的心目中，永不離席。很多人在彈奏這首曲子的時候，都必須將感情投入，特別是要想像著與自己最親愛的人離別時的那種感傷，甚至是悲痛……。

中國南北朝時期有一位詩人江淹，他的〈別賦〉裡有一名句：「黯然銷魂者，唯別而已矣！」與自己所愛的人離別，是最痛苦的……。我自己最怕這樣的傷感，小時候的焦慮來自與父

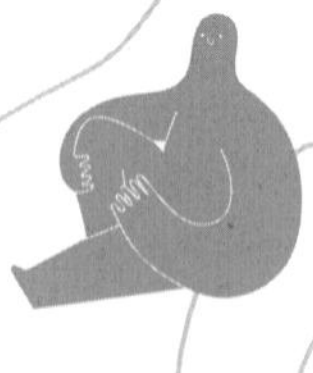

母的離別，一直到上大學，需要負笈外地，每次離家總是離情依依。後來談戀愛，男朋友在臺北唸書工作，我也是極度不願意與他分離。現在是兒子，我每回要到外地出差，或是出國一段時日，最放心不下的就是他。總之我們一生都會爲了離別而銷魂！因爲情感的難以割捨，所以我對古典詩歌裡的離別曲，要求也特別高！詩人需要投注很深的感情，也必須具備濃郁的浪漫主義情懷，當然修辭也不能落俗套，如此才能成就雋永佳篇。

在這樣的標準下，我很欣賞王勃的〈送杜少府之任蜀州〉，但不是那有名的第三聯：「海內存知己，天涯若比鄰。」我鍾情於第一句：「城闕輔三秦，風煙望五津。」城闕，在唐代自然是指長安。而長安城周圍有天然的地理條件護衛著這座宏偉的京城。這一圈護衛著京城的區域，包括了今天的陝北、陝南以及關中平原，這三大區域古稱「三秦」。而王勃就站在這巍巍的長安城中，他知道知己好友杜少府將要往蜀州，也就是今天的四川崇州去任職。杜少府臨行前，王勃感到一陣淒惻。他站在帝國的核心，隔著烽煙雲霧遙遙望向蜀州。因爲岷江中游流入四川之後，便有五大渡口，因此蜀地又稱爲五津。

我每回想到，王勃隔著雲山霧海，癡癡地望向千里之外，那杜少府即將赴任的地方。總覺得詩人太深情！

同樣深情的，還有李白，只是李白的詩寫得比王勃更好！我們來讀〈金鄉送韋八之西京〉這首詩。當時李白正在山東金鄉，他的好友韋八要回長安了。所以李白在這首詩裡開頭第一句話就說：「客自長安來，還歸長安去。」只是此話一出，他的心頭突然感到一陣迷惘、傷感、失落，那說不出的苦悶，道不盡的牽掛，李白形容這種感覺像是：「狂風吹我心，西掛咸陽樹。」他說：此刻，我的心好亂！就像是被狂風橫掃了一番，它已經不在我的腔子裡，而是隨著你的離去，它也遠遠地掛在咸陽城的樹梢上了。

咸陽與長安其實在同一處，一個在渭河北，一個在渭河南。所以李白只是換個說法，意思仍然是：我的心已經不在山東金鄉了，它要隨著你奔回長安。唉，這份感情實在不是言語所能表達的，如今這一別，真不知道何時能再相遇呀！

剛才我們提到王勃的「烽煙望五津」，詩人在靄靄迷霧之中，望向摯友遠去的他方。明明從陝西一定看不見四川，王勃還是不捨地凝望著，彷彿從一團團噴湧的雲煙之中，他能夠穿越時空，將自己的思念，以及別後的愁苦，傳達給摯愛的友人。李白同樣也投入了感情，然而他卻給我們帶來了不一樣的畫面：「望望不見君，連山起煙霧。」他在山東本就望不見長安，然而那阻隔在他與朋友之間的連綿山脈，卻像是刻意來搗亂似的，朦朦朧朧地興起了陣陣煙霧，讓他更加茫然與迷亂。

王勃的煙霧訴說的是「遙遠」；而李白的煙霧，就是他的心。

唐詩情韻之醇厚，就在「言有盡而意無窮」，短短幾行詩，便寄託了無限的情意和訴說不盡的感慨。王勃和李白都是我很喜愛的詩人，但有時我只愛王勃的一句話，卻愛李白的整首詩。王勃的內心能夠平靜，因此他有：「落霞與孤鶩齊飛，秋水共長天一色。」李白則癲狂不羈，因而說道：「我欲因之夢吳越，一夜飛渡鏡湖月。」王勃給我一種滄桑感，李白則是掏出了他自己迷情的心。看著李白東出三峽，揮霍地漫遊大唐，其氣勢凌雲，如御風而翺翔。當我探入他躍動的心靈深處，便也暫時忘卻了自身的離別之苦。

延伸思考

假設你很喜歡某位老師的課，並且認真表現，努力學習，可是到頭來卻只得到勉強通過的成績，這時你會怎麼想？

第四單元

斯人獨憔悴

人在江湖，心懷京國？
——李白還原遊俠本色

「仗義是林沖，爲人最樸忠。江湖馳譽望，京國顯英雄，身世悲浮梗，功名類轉蓬。他年若得志，威震泰山東。」經典名著《水滸傳》裡，有一位被金聖嘆評爲「上上人物」的豹子頭林沖，他其實是個心思過度縝密，行爲處事很小心的人，某日難得酒後豪性吐眞言，說出了自己的願望：「江湖馳譽望，京國顯英雄」。在江湖上，武功高強之人，不僅希望有隆重的名譽和威望，同時更熱切期待的是爲朝廷所重用，林沖認爲這才是眞正的大英雄！因此當他感嘆「功名類轉蓬」時，文字背後透露出的乃是林沖對於功名的長期渴望。

遊俠之士儘管名滿江湖，但最終的願望還是要躋身於廟堂之上，收編到體制之內，從對抗權力核心到完全配合朝廷，他們似乎覺得這樣才符合社會的期待與自我的期許。因此俠義小說發展到了清代，在說書人石玉崑的《三俠五義》百二十回本中，出現了南俠這樣一個從散澹江湖到位居四品的人物。展昭自幼即學習武術，最擅長的是輕功，劍法也十分高超。後來因爲屢屢協助包拯破案，建立奇功，爲仁宗所賞識，晉封爲御前四品帶刀護衛，供職於開封府。江湖俠客於此納

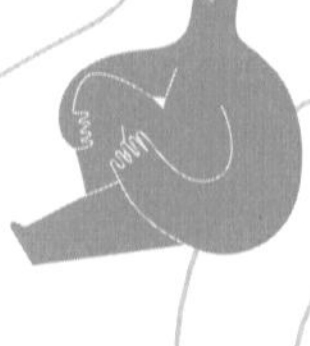

入了正規體制。其實前面提到的《水滸傳》，自宋江以下，也有許多梁山好漢樂於呼應宋江的提議：歸順朝廷，接受招安。即使最終演變成爲一場巨大的悲劇，豪傑們如同流星一般紛紛殞落。宋江等人卻是無怨無悔，他們依然認爲這條路是正途。

上個世紀七十年代，金庸修訂了《射鵰英雄傳》，書中資質不高的郭靖卻具有天賜的絕佳運氣，於是將「降龍十八掌」等多種非凡的武功，練到了隨心所欲之化境，連張三豐都曾經自嘆弗如。然而他最終也秉持著爲國爲民的淑世精神與節操，堅持對抗蒙古大軍的入侵，與妻子黃蓉雙雙戰死沙場。

特別值得一提的是，金庸設定郭靖是郭盛的後代，而郭盛雖也是個虛構的人物，然而他卻正是《水滸傳》一百單八將中，手持方天畫戟，擔任宋江馬軍護衛的地祐星「賽仁貴」。金庸這麼設定郭靖的祖上，也許是希望他筆下的這個傻小子能夠繼承郭盛的使命，因爲在梁山全伙受朝廷招安之後，郭盛便隨宋軍征遼國，又破方臘。最終在烏龍嶺被敵方推下來的大量石頭砸死。於是從郭盛到郭靖，從《水滸傳》到《射鵰英雄傳》，那世世代代行走四方，衝州撞府的俠客們，各自因抵禦外侮、掃除內亂而爲國捐軀，於是在「死得其所」的大旗下，他們攜手走出了一條遊俠兒的「正途」。

事實上，這樣根深蒂固的觀念，還可以追溯至漢代許多樂府舊題，這些詩歌的內容在於歌頌「遊俠兒從軍去」的光榮景象。此刻漫遊在歷史的荒原中，我們將從漢、唐、明、清上千年的光陰裡，逐漸理出這一條文學傳統的隱線脈絡，檢視出某些師出正義，行走天涯的俠客，如何最終被納入正規體制，進而成爲破案、剿匪、攘外的第一道防線。針對此文學現象，我們也許可以從中看出中國人自古以來，面對塞外遊牧民族的虎視眈眈，以及不斷地叩關，其心中所升起的巨大威脅感，同時反映出他們希望俠客義士們出來匡扶社稷的祈願。因此文人筆下的俠客，最終都要爲國爲民而遠赴沙場，並且他們也都不吝惜犧牲小我。我們一起來看三國時期曹植的〈白馬篇〉，詩人透過詩篇裡，如同郭靖一般正直率性的血氣男兒，來訴說遊俠對人生「正途」的渴望。這首詩一開始就爲我們勾勒出一位俊美的男子正騎上白馬揚長而去的瀟灑背影！讀者在既驚訝又癡迷的狀態下，趕忙追問：那是誰家的孩子呀？

詩人回答：他是個遊俠騎士呢！說起這孩子，年紀輕輕就辭別了故鄉，準備到塞外一展身手，因爲心中渴望建立功勳，以至於他從小就勤練武術，弓箭總不離身。當他拉上一個滿弓，颼的一聲便射中了靶心。這個瀟灑的男孩身手是多麼地靈巧，體格又是那樣地威猛剽悍！一朝聽說西北邊防告急，那遊俠兒立即催馬上戰場。他隨著軍隊直搗匈奴，橫掃鮮卑，在刀光劍影之中，遊俠兒從未將自己的生命安危放在心上。其實在戰場上拚殺的時刻，他的心裡早已沒有了父母妻兒，也早已忘卻了一己之私念⋯⋯。於是我們知道，遊俠兒自漢末起，已經建立起屬於他們的光榮時刻，那也是一生的歸屬，是務必要守住這個方向，因爲這才是人生的「正途」。

但究竟是不是正途？我想看看曾經是遊俠的李白，他會怎麼說？看看他敢不敢挑戰數百年來所積澱的傳統觀念，做出和別人不一樣的決定？在〈贈從弟襄陽少府皓〉這首詩裡，李白自云：「託身白刃裡，殺人紅塵中。」可知他年少時，曾經行走江湖，拔刀對付過仇敵。

最有趣的是，李白也寫過一首〈白馬篇〉，既是在主題與形式上已倣自曹植，那麼在思想境界上，會不會有突出之處呢？我們看起首第一句：「龍馬花雪毛，金鞍五陵豪。」龍馬與白馬不同，現實生活中我們看得到白馬，然而龍馬卻是神話與浪漫幻想的結合。以夢幻的龍馬與五陵豪俠相搭配，這畫面的本身就是一種氣派！而且是超越貴族的氣派。這氣派的遊俠所持寶劍，冷光閃閃，猶如晚秋的寒霜。他的袍子上甚至綴滿了珍珠，那寶光眞使人迷炫！

其實李白入宮時，已親眼見過大唐天子玄宗皇帝是位怎樣的君王。他喜歡鬥雞，所以只要會鬥雞就可以當將軍，住豪宅，坐名車。甚至於想要得到一個機會前往邊塞去建功立業，可能首先要鍛鍊的不是武功，而是鬥雞！不過李白筆下的豪俠是不會去練習鬥雞的。他練的可是上乘武功，因此其身手就像是森林中騰躍在樹叢間的猿猴；拉起弓來，更能射殺南山白額猛虎。豪俠也非常愛自己的刀，只要讓他喝上幾杯酒，他就能夠盡情地展現自己舞刀的風采！

李白更狂傲的詩句還在底下這一聯：「殺人如剪草，劇孟同遊遨。」不僅殺人有如除草，而且他願意與之交往的朋友，是像西漢著名的遊俠劇孟那樣的人，因爲劇孟任俠好義，顯名於諸侯，並且樂於助人，卻不願爲人所知。我想李白不只是想跟他交往，而是將他視爲自己的偶像了！所以我想像著李白其實是很仰慕劇孟，因而情願追隨他四海遨遊，仗劍行走天下。只不過走著走著，卻還是走上了那一條老路，「發憤去函谷，從軍向臨洮」。李白天性喜好在名山大川之間遨遊，並且隨時仗劍打抱不平。然而沙場上其實比在科場中，具有更多獲得功名的捷徑。唐朝開國不久，即比照隋代，開科取士。這個良善而公平的制度實行到唐玄宗的時代，就被李林甫給破壞了！他稟報皇帝：「舉人多卑賤愚瞶，恐有俚言汙濁聖聽。」於是在他的主持下，科舉取士甚至於有從缺的紀錄。文人實現平生理想的機會，被李林甫截斷了以後，遠征塞外，戍守邊關，以自己的武功刀槍建立功業，也就成爲許多人找尋出路的最佳選擇。

李白也發憤出征了！他要出函谷關，到臨洮去從軍，他想像著「叱吒經百戰，匈奴盡奔逃」這樣美好的畫面！而這個畫面所襯托出來李白的內心世界，是希望遊俠兒能華麗轉身，成爲馳騁疆場的百戰將軍！因此「遊俠從軍去」這個自曹植以降的老命題，還是在李白的身上出現了。然而李白終歸是李白，他除了滿身酒氣之外，還有一股天生的傲氣，因此在〈白馬篇〉結尾處，大詩人異軍突起，給了我們一個與歷來的作品都不一樣故事結果：「歸來使酒氣，未肯拜蕭曹。」原來歷代的遊俠都渴望被體制所收編，可是只有李白不願意，在他的想像世界裡，一旦凱旋而歸，他依舊是那「天子呼來不上船，自稱臣是酒中仙」的李白，絕對不會去向皇室或權貴鞠躬哈腰。

對李白而言，遊俠就是遊俠，行走江湖，我行我素的日子過慣了，沒有必要捨棄自己的尊嚴去「摧眉折腰事權貴」，如果要那樣做，李白自己會很不開心！所以他不僅是一位享樂主義者，他同時也是一個相當自尊自傲的人。「羞入原憲室，荒淫隱蓬蒿。」在現實環境中，我們每個人都有最適合自己的生活處境，而我們也應該都要能明確地意識到自己最不適合被放置在什麼樣的環境或情境中。對李白而言，他自覺不適合待在朝廷上，聽大家議論法條、政治等事宜，所以他寧願功成身退，在戰爭獲得勝利之後，隱居於荒僻的蓬蒿之間，如此便是他心目中，屬於遊俠兒最理想的人生抉擇。

明、清兩代的著名通俗文本，在人物與情節的設計上，仍然將武林高手形塑成既熱衷於功名，又體現出爲國爲民的俠義典範。然而林冲失敗了、展昭成功了，從郭盛到郭靖，他們死得其所，因此了無遺憾。

唯有李白，他習得了一身的武藝，但求一個衝鋒陷陣的機會，他敢說，只要能隨軍出征，以自己的身手，必定能夠使敵人望風披靡。待戰爭結束之後，他要隱居到一個沒有人知道的地方，過著閒雲野鶴的自在生活，到那時，李白就可以突破歷史包袱的滯重難返，憑藉一己之力，還給「遊俠兒」本來的面目。這就是李白當時的人生願望，寫〈白馬篇〉的時候，他剛滿三十一歲。

我醉了

——〈襄陽歌〉

那是一個溫暖而美麗的黃昏時分，天邊無雲，一行倦鳥飛過，晚風拂來，斜陽餘暉將襄陽峴山下的古樸小街，鋪上一層淡金色的糖霜。街道上原本百無聊賴的靜謐，卻被一群頑皮的孩子突如其來的嬉笑喧鬧聲所打破，只聽得他們又是唱歌，又是拍手！大人們卻不知這是爲了何事，因此紛紛出來探詢，看見孩子們既興奮又好奇地圍繞著一個走路顛顛倒倒的人，這才想起最近這裡來了一個人，是個怪人！他可是沒有一天不爛醉如泥的！如今他又是走一步退三步，往東走走又晃到西，帽子戴反了也不知，手中只顧做著舉杯喝酒的姿態，又聽他口裡哼道：「百年三萬六千日，一日須傾三百杯……」你說可笑不可笑？這個醉人兒眺望著漢江水，卻突然發出了疑問：「這流不斷的綠水悠悠……怎麼，怎麼那麼像我最喜歡的新釀葡萄酒啊？喝喝！……如果，如果這一江春水都成了酒，喝吧！那……那酒麴和酒糟豈不是要堆積成山了嗎？喝！」

「喝酒多快樂？你們有沒有聽說三國時期的曹彰，偶然看見了一匹駿馬，愛得不得了！可是主人不願割愛，他於是捨了一個小妾，才換到駿馬。那曹彰迫不及待，快快騎上馬，一邊唱著歌，身旁還掛著一壺酒，在歌聲中暢飲，這大約就是天眞的曹彰平生最歡樂的時光了！

遙想當年，秦始皇爲了一展鴻圖霸業，重用李斯提供兼併六國戰略，並出使各國施展合縱連橫之術，又強力推動文字與貨幣之一統。那李斯確實也曾實現抱負，發揮理想，所行所到，莫不威風八面……，然而直到秦二世要將他腰斬的那一刻，李斯才恍然領悟，其實他最大的願望也只是和兒子一同牽著黃犬，出上蔡東門去打獵，如今再也沒有實現這個願望的可能了。」

回顧李斯的結局，不由得令人暗中冷笑：「與其如此，倒不如趁著那美麗的大月亮高掛天空的夜晚，盡興舉起金罍，邀月暢飲，至少不曾辜負了人生最酣暢的時刻。」「還有還有，你們這些汲汲功名的人啊，都應該去看一看，那晉代的羊怙也曾是征南大將軍，統兵八萬，作戰步步爲營，又對吳地軍民講信義，以懷柔之策使得吳軍將領多降於晉，吳地人民也很感佩他，因其德行『雖樂毅、諸葛孔明不能過也』，故而尊稱他爲『羊公』。晉能夠滅吳，晉武帝還說了一句很持平的話：『此羊太傅之功也。』於是羊祜死後，百姓爲追念他，曾樹立起羊公碑，因逢年節，人們前來憑弔，總是念及他的德行，往往感動垂淚，故而羊公碑又稱爲墮淚碑。然而即使是如此受人愛戴，這座碑亦曾經幾立幾廢，且到如今，那馱碑的石龜，它的頭上已是漆痕斑駁，又長滿了蘚苔。你說，生前擁有隆重的名望又如何？」

「我呀，對於這些人的故事，既不垂淚，也不心傷，在我心中，功名富貴都如煙雲，唯有『清風朗月不用一錢買』，我且自在自樂醉倒在這令人沉迷的美景之中。安徽舒州的酒杓最好使，江西南昌的瓷器能溫酒，我李白和你們倆就此約定了，今生今世同死共生！」

三十三歲的李白走訪襄陽古蹟，體會人生結局總荒涼，於是他更願意日日沉醉。唯有飲者得到了自由，在愉悅的酒杯照映下，清風朗月的美景自在綻放，李白於是在酒精的甜蜜刺激中，更加解放了自己！況且在這瘋狂的人世間，再怎麼瘋狂地飲酒作詩都不為過。就在李白在他將要大醉之前，突然很清醒地細數歷史，藉以告訴我們：凡世人稱許者，如：李斯、羊怙，其實都不算值得；那歷史上沒有被給予至高評價的，像：山簡、曹彰，他們反而痛快過一生！

老盡少年春

——李白四季

宋太宗趙光義大約就是帝王史上因即位之爭而名聲最惡的人了，可是偏偏我很喜歡他的一句詩：「老盡少年春」。春天如同人生，也是從青春活到老，然而它在意象上，畢竟還是屬於年輕人的。李白〈少年行〉開頭即云：「五陵年少金市東，銀鞍白馬度春風。」春風中的少年啊！放蕩得意的笑臉上，照見了他們個個揮霍青春無度。因爲春天那太陽光下的全世界，都屬於他們，因此少年們毫不顧惜地登上銀鞍，駕起白馬，踐踏著滿地新落的鮮花，彼此吆喝著往前奔馳！「喂，跑這麼快，去哪兒？」「是啊，這附近，哪兒都去過了！還有什麼新鮮的？」「有！我知道，前面有個新開的小酒館，女店主可不是一般的俏麗！」於是這一群春風少年，「笑入胡姬酒肆中」……。

春天是少年的春天，那麼夏天呢？我想是「名士」的夏天，《世說新語》對名士的定義很簡潔，〈任誕〉云：「名士不必須奇才，但使常得無事，痛飲酒，熟讀〈離騷〉，便可稱名士。」

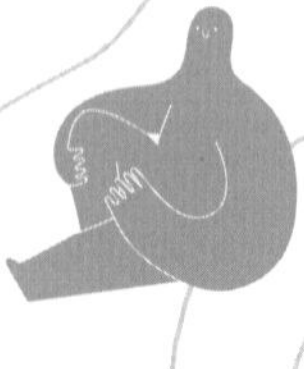

有時愈簡潔的話語，內涵愈是豐富深厚而耐人尋味：我們如何才能常得無瑣事、庶事，又該將空閒下來的時光，從事何種雅士、好事呢？爲何名士該讀〈離騷〉？〈離騷〉都說了些什麼，能與名士的心靈共鳴？

在研究這些問題之前，我是知道魏晉名士經常有些特立獨行，例如：散開頭髮、裸露身體、箕踞而坐。《世說新語．德行》曰：「王平子、胡毋彥國諸人皆以任放爲達，或有裸體者。」其注引王隱《晉書》曰：「魏末阮籍嗜酒荒放，露頭散髮，裸袒箕踞。其後貴遊子弟阮瞻、王澄、謝鯤、胡毋輔之之徒皆祖述於籍，謂得大道之本。故去巾幘，脫衣服，露醜惡，同禽獸。甚者名之爲通，次者名之爲達也。」另外，一生橫跨南朝宋、齊、梁的史學家與文學家沈約在《宋書．五行志一》也指出：「晉惠帝元康中，貴遊子弟相與爲散髮裸身之飲，對弄婢妾。逆之者傷好，非之者負譏。希世之士，恥不與焉。蓋胡翟侵中國之萌也。豈徒伊川之民，一被髮而祭者乎？」沈約說這時，一定沒有想到五百年後就有一位大詩人，他同時也是「胡翟」之後，將披髮裸體的名士作派看作是平常稀鬆事。

李白〈夏日山中〉：「懶搖白羽扇，裸袒青林中。脫巾掛石壁，露頂灑松風。」好一副曠澹灑脫的風流品貌！李白在夏日的山中，天氣燠熱，他裸袒著身體，連手中的白羽扇也懶得搖動，這一發顯見天氣熱得讓人不想動彈了！此時，陡然一陣風從林間呼呼吹來，聽得樹葉沙沙地響，詩人快快解下頭巾，放開頭髮，感受這一股清爽宜人的涼風！裸袒解髮，這樣率性任眞的形象，不正是無視於禮法而又曠達瀟灑的魏晉風度嗎？

過了炎夏便是金秋。一年容易又秋天，秋天該是誰的季節？我覺得秋天是戀人的季節。問題是該分手還是要繼續？

我最喜愛的西洋小說之一，是法國莎岡的《熱戀》（La Chamade）書名的法文原意是「擂鼓」，也就是中文說「心頭小鹿亂撞」的意思。於是這部小說，專談愛情。什麼是愛情呢？原來愛情也分春、夏、秋、冬。春天來了，和風吹拂，我們的心頭便燃起了一絲絲的甜蜜的愛戀火苗，將我們牽引到某個陌生人的身邊，慢慢地釋放熱度。經過一連串彼此之間的試探、取悅與耐心等候。有一天焰火延燒開來，竟然使我們不顧一切拋棄原本長年舒適、安全、受寵的環境，跌入無止境熱烈而瘋狂的愛的火山口裡。這時便來到愛的盛夏時節。

小說裡的露西，褪下高級衣料剪裁的美麗衣裳，躲進了窮記者安東蝸居的閣樓。隨著愛情的夏日艷陽狂晒，兩人的戀情升溫到了極致！卻也同時像汽水裡泡泡一般，逐漸冒出了生活中許多現實的問題。於是露西開始說謊，安東更不曾諒解……。

所以夏天真的好短！戀情即刻轉入開始懷疑人生的秋季。到底什麼是幸福？一定要順著對方的意思嗎？還是傾聽自己的聲音才重要？總之，經過了幾番掙扎，幾度離合，愛情的霜降日終於來臨。愛之無以為繼，也是命中註定。之後便是遙遙無期到令人絕望的「遺忘在冬季」。

莎岡以一本書的篇幅衍繹了聶魯達一句詩的哀傷：「愛情很短，遺忘太長。」這份無奈與傷痛，幾乎是普世的。

然而中國詩人不懂得南美情調，他們最傷心的卻是「愛情很短，相思太長」，所以說「長相思」。也是在秋天，李白有詩云：「長相思，在長安。絡緯秋啼金井闌，微霜淒淒簟色寒。孤燈不明思欲絕，卷帷望月空長嘆。美人如花隔雲端！上有青冥之長天，下有淥水之波瀾。天長路遠魂飛苦，夢魂不到關山難。長相思，摧心肝！」思念一個人，總是在夜晚吧，爲了天上有月亮。那月兒像一盞孤燈，又似懂得人心，一味地想給予安慰。卻不知古來多少不眠的心，都是由於看著清亮皎潔的月兒高高獨處在如長河般的夜空，因而惹起內心裡的愁與怨。如今只求燈滅了，人睡去，卻還猶恐夢裡也要迢迢跋涉，飛越難關，去尋覓所思之人。可見相思之苦啊！內心無助的人們放眼望去，上有亙古的長空，下有滔滔不盡的流水。有情人內心裡的思念是一種綿綿不絕的苦，特別是在深秋。

或許還有另一種想法：「就讓我們從結局開始吧。」相愛的人，以及單相思的一方，總會在重重煎熬之後，突然有一天柳暗花明，困境就這麼無預期地走到了盡頭。有時候，「不愛了」就發生在瞬間。那多半也是因爲「又愛了」，愛上另一個人的同時，與舊戀人就該直接分手。所以莎岡也說：「相愛的男女到最後總是請求彼此原諒——最起碼一定有個人這麼說：『請原諒我，我不再愛你了。』」「這種結局算是相當好。讓我傷心的是那種誠實的說法：『請原諒我，我以爲我愛你，我弄錯了。我有義務對你說實話。』」

對戀人說實話的前提是對自己坦白。能面對自己的時刻，我認爲就是在冬夜，那時最清醒。在寒冷的深夜是屬於詩人的。他在沉睡中忽然驚醒！推開窗戶，眼前是一片清晨甫落的大雪，那景象遼闊而又悲壯，這時雖沒有人提醒，也會自我回想起前半生曾經度過的歲月，做過的事，寫過的書，愛過的人……。李白在夜裡醒來，就是這樣不假雕飾，不在他人面前逞強，完全坦白掏出自己的心：「醉來脫寶劍，旅憩高堂眠。中夜忽驚覺，起立明燈前。開軒聊直望，曉雪河冰壯。哀哀歌苦寒，鬱鬱獨惆悵。」這首羈旅在外而寫的〈冬夜醉宿龍門覺起言志〉想說的話也還是千古文人夢。因此他曾模仿諸葛孔明作〈梁甫吟〉：「我欲攀龍見明主，雷公砰訇震天鼓。」可嘆漢魏正聲早已經走調，李白：「去去淚滿襟，舉聲梁甫吟。」這世界對於寒夜中的詩人而言，就是一句話：古往今來，上下求索，知音難尋。

都說李白好酒，其實他經常孤獨而清醒著，尤其在冬夜，一個旅人……。

一代殺神與飛將軍後代——閥閱制度的遺形

中唐詩人白居易，聲稱他的祖上是先秦時期的「殺神」白起。白起將軍不重攻城略地，而專好殲滅所有敵人。他在長平之戰中俘虜了四十五萬趙國降卒，然後全部坑殺，只留下二百四十個小士兵回去報信。

後世司馬光在《資治通鑑》裡，很是感嘆：「秦雖勝長平，士卒死者過半，國內空。」因此白起作戰，不僅好殺敵營，竟連自己手下的士兵也死傷大半！他因此獲得「殺神」的名號，在他手中死亡的人數，恐怕古今無人能出其右。

不過細數白起三十七年的征戰生涯，他是一路所向披靡，連續擊敗了韓、魏、楚、趙等四國，以至於山東六國無力再與秦國對抗。因此太史公司馬遷曾回溯他輝煌的戰績：「料敵合變，出奇無窮，聲震天下。」

面對戰國時代四大名將之一的白起，唐大詩人白居易追慕其英風，心中升起無限的嚮往，因此在撰寫祖父母的墓誌銘時，尊白起爲先祖。不過，這一說法自來備受質疑，從南宋以來，許多人指出，白氏家族原來並不姓白，而是姓芈，也有說白氏出於姬姓，至清初顧炎武，乃至於近代陳寅恪，皆爲此事，著力鉤沉，最終證實白居易先祖源自西域龜茲。

無獨有偶的是，另一位大詩人李白也自稱是名將的後裔。根據李白詩稿編纂者李陽冰於《草堂集序》中指出：「李白，字太白，隴西成紀人，涼武昭王暠九世孫。」這位西涼武昭王李暠比白起更厲害！史上號稱「冠軍大將軍」。李暠原爲敦煌太守，當時右衛將軍索嗣想要奪位，因此率領五百騎兵趕赴敦煌，而李暠根據調查得知索嗣爲人驕橫，軍心士氣鬆散，於是當即派兵向索嗣發動猛烈進攻，將索嗣打回張掖。然後又上表追殺索嗣，北涼君主段業無奈之下只得殺了索嗣，並且封李暠爲鎮西將軍。不久之後，晉昌太守唐瑤起兵造反，他推李暠爲冠軍大將軍、沙州刺史涼公，並且慫恿李暠以敦煌爲都城，建立西涼國。

原來從西元四世紀初至五世紀中，長達一百五十年的時間，中國大地上，包括：華北、四川、遼東、江淮，乃至於漠北，以及西域，一共有匈奴、羯、鮮卑、羌及氐等族入主中原，建立政權，史稱五胡十六國。西涼就是其中之一。李暠建國以後，一方面擴大地盤，另一方面召集出逃的百姓回到玉門關和陽關來屯田，極力獎倡農業生產。同時李暠也好讀書，因此在西涼國境內，文風興盛，教育普及。於是在唐天寶二年，唐玄宗追尊李暠爲興聖皇帝。

從李廣到李暠，《晉書・列傳・涼武昭王李玄盛》記載：「武昭王諱暠，字玄盛，小字長生，隴西成紀人，姓李氏，漢前將軍廣之十六世孫也。」而且還說李暠在位十七年間：「懷荒弭暴，開國化家」，是對百姓很有建樹的一位君主。李暠是李廣的十六世孫，李白又是李暠的九世孫。加上《史記》也說李廣是「隴西成紀人」，李白在〈贈張相鎬〉詩中也曾自稱：「家本隴西人，先爲漢邊將，攻略蓋天地，名飛青雲上。苦戰竟不侯，當年頗惆悵。」因爲漢代邊將中只有李廣姓李，所以李白的意思是，他的祖上就是飛將軍李廣。

與白居易不同，李白追溯自己的身世至飛將軍李廣與冠軍大將軍李暠，此一世系脈絡似乎是可以成立的。但是無論成立與否，這樣的自我標榜，其實源自東漢以來，中國人重視「門第」與「閥閱」的觀念。簡單地說，世代爲官的士族需要維繫其長久的政治權益，因而憑藉著門閥世家來把持住一代又一代的高官顯位，這樣的社會結構到了南北朝時期，達於極盛！唐代以後雖有科舉制度來改變選拔官員的辦法。但是論及家世背景和身分地位，已成爲國人根深蒂固的觀念，短時間之內很難扭轉。這也就是李白和白居易，還有許多文人落筆寫自傳或他傳時，勢必要追溯其輝煌的祖先，否則不足以彰顯自己的價值。而這樣的觀念，有時候在今天許多人我表彰的話語裡，也還看得到影子。也許我們應該要更覺醒地擺脫這樣的自述模式，才能夠眞正成就與凸顯每一個人最與眾不同的存在與生命意義。

李白的老師——歷史上最寧靜致遠的陰謀家

李白喜好縱橫術，與兩件事情有關。一是他四歲啓蒙於父親李客，學的就是諸子。第二是他十五歲那年曾拜師趙蕤。「趙蕤術數」在當時是聞名於蜀中的，而且趙家世代精通《易經》，熟讀百家，因而長於各種文韜武略。這無疑是自西漢以來代代相承的一個學術世家。然而這樣精熟於戰略計謀與政治策略的人才，又生當盛唐盛世，朝廷召之，竟不赴，而寧願隱居寫作。可見實用之學如縱橫術，也可以是書齋做學問的好課題。學與用之間，端視個人取捨，某些世人眼中純學術的領域，只要學者一念之轉，就可以用世；反之，許多實踐之學同時也會是培養純思辨能力的基石。

總之，趙蕤隱居期間，完成了畢生重要的著作《長短經》，這部書相對於司馬光的《資治通鑑》被稱爲《正經》，因而又被稱爲《反經》，毛澤東曾進一步解釋道：「《資治通鑑》是權謀，是陽謀；《長短經》是陰謀，是詭謀。」而《長短經》與《資治通鑑》最大的差別在於，它

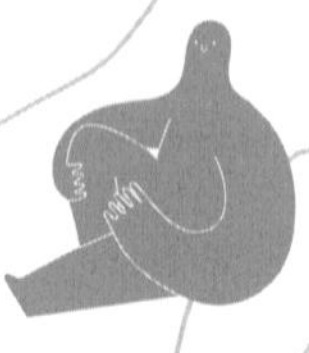

是以謀略爲經，以歷史爲緯，來探究治國安邦之策。全書分爲國家興亡、權變謀略、舉薦賢能以及人間善惡等四大類。內容集諸子百家之大成，亦即雜糅儒家、道家、兵家、法家、雜家、陰陽家等諸子思想，這就銜接了李白父親爲他啓蒙的基礎學問，而且還繼續延伸到實用之學，也就是關於王霸之術和官場祕訣。趙蕤的論述犀利而又深刻，其爬梳歷史，自上古黃帝到唐朝前期，總結歷代政治權謀利害得失，可謂黑白相濟，又以權謀治術與知人善任爲雙主核心，看得少年李白如癡如醉，嚮往之至，於是投入其門下。趙蕤的學術思想對李白終身都有影響。雖然新、舊兩唐書對趙蕤都沒有記載，然而《四庫全書》編纂總裁在〈《長短經》提要〉中指出：「此書辨析事勢，其言蓋出於縱横家，故以『長短』爲名。」所以「長短」的意思，就是評論長短、優劣、得失之意。

綜觀中國的縱横之術，起源於戰國時代，當時齊在東，而秦在西，是七雄中的兩大強國。其他五國在地理位置上形成南北聯合之勢，稱爲合縱，藉以對抗東西強國。而五國又以連東或連西任一強國，來對抗其餘邦國。於是出現了一批外交人物，在列國之間遊說有望能夠實行「合縱」或「連横」等外交策略，被稱爲「縱横家」，他們是當時最務實的人物，往往出身寒微，卻憑藉三寸不爛之舌，趨利避害，將天下視爲棋局，以取勝爲目標。不惜使用陰謀，在政治舞臺上，翻手爲雲，覆手變雨，高級謀士最擅長的就是分析局勢，是當時時興的政治人物，《孟子．滕文公章句下》景春曾對孟子曰：「公孫衍、張儀豈不誠大丈夫哉！一怒而諸侯懼，安居而天下熄。」

但是儒家之徒孟子不同意：「孟子曰：是焉得為大丈夫乎？子未學禮乎？丈夫之冠也，父命之；女子之嫁也，母命之，往送之門，戒之曰：『往之女家，必敬必戒，無違夫子！』以順為正者，妾婦之道也。居天下之廣居，立天下之正位，行天下之大道；得志，與民由之；不得志，獨行其道。富貴不能淫，貧賤不能移，威武不能屈，此之謂大丈夫。」

李白誠為儒家之徒，卻好縱橫謀術，如何調節權衡，端在一心。有趣的是，安史之亂爆發後，趙蕤仍舊是安安靜靜潛心研究《易經》，「雖離亂中未曾釋卷」。天下太平，他讀書寫作；天下叫囂，他寫作讀書。心情穩定，一如止水，從不為時局所動。

然而身為弟子，李白卻不能安靜，他從仙境般的廬山下來，投入永王帳下。當時應該有人在空中霹靂一聲喚醒他：「看看你的老師，此刻在哪裡？」也許他就不會一步走錯，滿盤皆輸了。

救命恩人——李白與郭子儀

古典戲曲中有一折戲叫「醉打金枝」，也就是《紅樓夢》第二十九回裡的「滿床笏」。說的是汾陽王郭子儀八旬大壽，八子七婿紛紛前往祝賀，可是只有第三個兒媳昇平公主嬌貴，不願前往。郭子儀的三子郭曖心裡既羞愧又憤怒！要回家怒打公主……。其實關於郭曖與公主不和睦一事在《資治通鑑》中亦有記載：「郭曖嘗與昇平公主爭言，曖曰：『汝倚乃父爲天子邪？我父薄天子不爲！』公主恚，奔車奏之。上曰：『此非汝所知。彼誠如是，使彼欲爲天子，天下豈汝家所有邪？』慰諭令歸。子儀聞之，囚曖，入待罪。上曰：『鄙諺有之：「不癡不聾，不作家翁。」兒女子閨房之言，何足聽也！』子儀歸，杖曖數十。」郭曖膽大包天對公主說：「妳不就仗著妳父親是天子嗎？告訴妳，我父親只是不想做天子而已！」小夫妻鬧得郭子儀誠惶誠恐！

在戲劇中，公主哭訴於父皇，郭子儀也親自綁縛其子郭曖上殿請罪。可是代宗不但沒有責罰，反而給郭曖升官，且與沈皇后共同勸解小夫妻倆重修舊好。

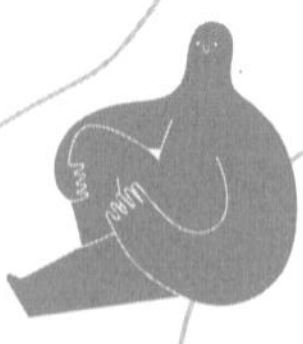

這齣戲本來是晉劇的傳統名劇，其後影響所及，包括：徽劇、川劇、湘劇、婺劇、粵劇、秦腔、河北梆子……各大劇種都有這個劇目。可見唐朝名將郭子儀的家庭故事，早已成爲大江南北所有老戲迷們耳熟能詳的生活情節。

話說回來，在中國歷朝歷代的狀元中，郭子儀是唯一做到宰相的武狀元。他歷仕玄宗、肅宗、代宗、德宗四朝，兩度出任宰相。可謂歷代武狀元中最爲顯赫之人。郭子儀的發跡起於天寶十四載的安史之亂。當時他被封爲朔方節度使，地理位置在今天的寧夏。他奉詔討伐，遂與李光弼會師常山，一舉擊敗了史思明，收復河北。至天寶十五載，郭子儀又與回紇聯軍平定河曲，次年收復河東，再進攻大敗崔乾祐，接著安祿山便爲其子安慶緒所殺。於是唐肅宗即位後，拜郭子儀爲兵部尚書、同中書門下平章事。

郭子儀能有如此顯赫的地位，其實最初乃源於大詩人李白的救命之恩。我們看正史的記載，《新唐書》云：「初，白遊并州，見郭子儀，奇之。子儀嘗犯法，白爲救免。」此外，〈翰林學士李公墓碑〉：「（李白）客并州，識郭汾陽於行伍間，爲免脫其刑責而獎重之。」

唐玄宗天寶初年，李白到了長安，受到賀知章推薦，在金鑾殿與玄宗論世事，並作頌文，唐玄宗大悅，賜御膳，並親爲調羹，供奉於翰林院。然而李白恃才傲物，得罪了高力士，於是他做官之路，便受到阻絕，李白因此更加狂放，終至離去。

當時與李白年紀相仿，約大四歲的郭子儀，魁梧壯碩，李白遊歷到并州（大約在今天的山西），見其人物不凡。知道郭子儀曾犯過法，於是花重金出手營救，郭子儀才得以免罪。二十多年以後，一場安祿山的反叛，改變了他們的命運。郭子儀因平亂而翻身，李白卻因擔任永王李璘的幕僚，而受到株連，按律當斬。

李白在獄中寫信給很多人，包括「以詩上崔渙、宋若思求雪……」，然而每一封求救信都石沉大海。這一次，解救李白性命的人是郭子儀。只不過李白壓根兒就沒有想到要寫信給他。

兩顆太白金星的撞擊！

——李白與李世民

唐武德九年六月初一，太白天裡，天上出現了一顆閃耀的明星，據稱那就是有名的太白金星。可是根據《漢書．天文志》的記載，如果在白天出現太白星，那就表示天下的君王要換人了！

就在這個時候，李世民收到他的哥哥李建成捎來的一封信，內容很簡單，爲了李世民過幾天將再度出兵，太子建成提議爲世民餞行。其實李建成與李元吉已經埋伏武士欲殺世民。

然而李世民心頭也是雪亮的，他這一方也在積極地密謀政變。到了六月初三正午時分，太白金星再一次出現在天穹之上。天文學家傅奕呈上密奏給李淵，說道：「太白見秦分，秦王當有天下。」

面對著突如其來的密奏，李世民一不做二不休，先反咬哥哥和弟弟一口，在李淵的面前揭發了太子李建成與李元吉淫亂後宮的醜聞，於是他果然順利地爭取到了讓父親轉移焦點的一小段寶貴時間，可以讓他迅速部署接下來雷厲風行、石破天驚的大行動。

李世民親自率領九名親信埋伏於玄武門，準備擊殺太子與齊王。再由尉遲恭統率七十人，來往偵探太子一行入宮的動向。最後由高士廉、長孫無忌舅甥率領臨時從長安大牢中釋放出來的囚犯，於玄武門西面的芳林門，作爲支援。

李世民向父皇密報一事，令太子與元吉異常惶恐！於是他們立刻策馬疾馳，進宮請罪。當他們來到玄武門，李建成和李元吉二人依規將隨身衛隊留在宮外。而李建成卻在臨湖殿附近看到氣氛詭異，他很警覺，立刻轉身要走，然而藏身於黑暗中的李世民卻展開了追擊，在驚慌中，李元吉三次想要拉弓射殺李世民，都緊張到沒能成功。

那李世民卻很從容地朝著李建成射出一箭，弓弦響出，太子當場落馬氣絕。而齊王李元吉也被隨後趕來的尉遲恭等人亂箭射死。並且將十二人的頭斬下，太子衛隊與李世民的部隊雙方於是在玄武門外爆發血戰，直到尉遲敬德將太子與齊王的頭顱高舉於城牆上，雙方衛隊才停止交戰。隨即李世民屠刀不停，幾乎斬殺了太子建成、齊王李元吉的所有子女後代。

七十五年之後，李白出生於中亞與烏茲別克接壤的吉爾吉斯斯坦。這麼特殊的出生地，很容易引人遐想，於是逐漸形成一個說法：在玄武門事變發生之前，李建成的長子已經去世了，事變當時，建成的夫人在親信護送之下，逃往碎葉城，然後生了李客。而我們都知道，李客之名也就是流寓客居在外的意思，而且李客之子正是李白。因此李白乃皇室血脈，且是李建成的後代。更有趣的聯繫是，李世民當初要奪權的時候，利用了「太白星經天」的說法，也就是在白天日光中，看是太白星橫過中天。而詩人李白，字太白，其名與字亦源於太白金星貶謫人間。單從此處來看，李白與唐皇室真有點神祕的連結。

不過許多學者認為此說缺乏證據，所以可能性很低，只是既然很低，也就不是完全不可能。而這個故事本身所透顯的意義，仍然是李白作為中國古代最重要的浪漫主義詩人，他不食人間煙火的神祕性與傳奇色彩，如同一面薄紗，遮住了詩人現實生活中也有家人親戚，也得依賴柴米油鹽的俗世面相。同時李白對自己的身世也一直諱莫如深，只談遠祖，不說近世。這就更讓人好奇而興發諸多揣想，於是將他的身世之謎與那場離奇的腥風血雨政變緊密聯繫，好像因此就能夠為這一顆人間孤獨的太白星，找到與之匹配的由黃金打造而成的溫暖歸宿。

口吐天上文——李白與花蕊夫人

晚唐詩人皮日休，他是蘇州刺史，太常博士，自號閒氣布衣、醉吟先生。他非常的崇拜李白，曾頌揚詩仙：「口吐天上文。」雖然自己沒有這樣的天生稟賦與才華，卻依然對李白「思出鬼神、神馳八極」的浪漫氣息，由衷感佩。

確實李白的詩歌具有豐富的想像力，以及極度誇張和生動的比喻。尤其是他的仙道修辭，豪邁灑脫，且氣勢奔放，情感強烈，同時手法變幻莫測。他也因此獲唐末五代詩人的追捧。除了皮日休，更有那美貌與靈氣兼具的花蕊夫人也沾染了李白的仙氣。五代十國的花蕊夫人們個個容貌美麗，能詩善賦，而且身世與生平事蹟多已成謎。如今我們只知道，其中第一位是前蜀主王建淑妃徐氏，因爲他的姊姊也是王建妃，所以這位花蕊夫人就被稱爲小徐妃。第二位花蕊夫人是後蜀主孟昶的妃子，也姓徐，封慧妃，貌美如花蕊故稱。第三位花蕊夫人是出自清代學者趙翼《陔餘叢考》所指南唐後主李煜的宮人，爲閩人，雅好賦詩。南唐亡後入宋宮，人稱「小花蕊」。而

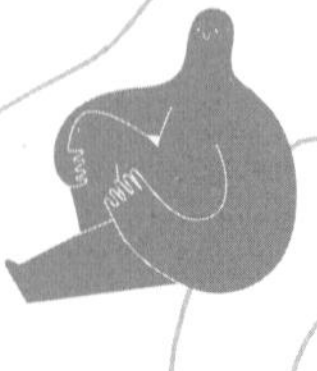

如今流傳下來的《花蕊夫人宮詞》百來首，都歸屬在孟昶妃子名下，近來有許多學者考訂其中有些作品乃是出於王建淑妃的手筆。無論是哪一位花蕊夫人所作，詩中亦往往帶有仙氣的美感，例如：「平頭船子小龍床，多少神仙立御旁。」「沉檀刻作神仙女，對捧金尊水上來。」此處的神仙，無疑就是指美麗飄柔的宮廷女子了。

其實早在盛唐時期，李白詩中，已經將身旁的飄逸人物，用神仙來指代。我很喜歡他的一首〈鳳笙篇〉：

仙人十五愛吹笙，學得昆丘彩鳳鳴。
始聞煉氣餐金液，復道朝天赴玉京。
玉京迢迢幾千里，鳳笙去去無窮已。
欲嘆離聲發絳唇，更嗟別調流纖指。
此時惜別詎堪聞，此地相看未忍分。
重吟真曲和清吹，卻奏仙歌響綠雲。
綠雲紫氣向函關，訪道應尋緱氏山。
莫學吹笙王子晉，一遇浮丘斷不還。

詩歌開頭就說：我這個神仙朋友十五歲的時候就喜愛吹笙，其美好的樂音就像山丘上的彩鳳啼鳴。他煉氣飲金液，如今要上長安城陛見皇帝。可神京路遙，鳳笙一去，何時能回？李白於是嘆息連連，他纖手一指，便彈出離別琴調，仙人亦清吹一曲，且高歌聲響直透綠雲，隨紫氣飛向了函谷關。李白這時想起了另一位仙人——吹笙的王子晉，他是周靈王的太子，因早夭而與王位無緣，卻被後世封為至道玉宸皇帝。傳說他控鶴登仙，已長生不老。李白恐怕眼前的這位神仙朋友如同王子晉那般一去不還，因此顯得依依不捨。

這眞是神仙眷戀著神仙啊！唐詩中的送別題材乃一大宗，如此仙氣十足的送別詩，凡人無從出，能夠體現送別詩深切的依戀情懷，又作得飄逸唯美，不食人間煙火，口吐天上文，唯有李白。

一生憂讒畏譏——李白與李光弼

李白獲罪入獄時，幸得郭子儀力保，死罪雖逃卻改判流放夜郎。艱辛的路途走到了巫山時，又突然遇赦，那一年他已經五十九歲了。之後的兩年，他居無定所，浪跡天涯，漂泊在江南一帶。陸然聽聞天下兵馬副元帥李光弼，將率大軍討伐叛軍，李白的情緒爲之振奮！竟以六十一歲高齡，立下萬丈的雄心，決定追隨李元帥上陣殺敵！

那麼李光弼究竟是何許人？能夠如此凝聚人心，讓部隊士氣大振，也令大詩人熱情相隨？其實李光弼並不是漢人，他是個契丹人！他不僅是契丹人，他的父親李楷洛還是契丹的族長。這支遊牧民族最初就是蒙古人，後來分支到東北地區，過著半農半牧的生活，語言上仍屬於蒙古語族。不過李氏這一族在李楷洛這一代已經依附唐朝，因此李光弼從小受到傳統儒家思想的教化，深具士大夫的氣節。李光弼尤其愛讀《漢書》，而且武藝高強，善騎射，因此受到河西節度使王忠嗣的賞識與提拔，成爲邊塞名將。

天寶十五載，郭子儀推薦李光弼任河東節度使，李光弼隨即在今天的河北井陘與史思明相持四十多天，最終與郭子儀聯手大破史思明。一時間軍威大振，河北十餘郡皆回歸於唐。

後來史思明率十萬大軍進攻太原，而李光弼的部署卻不到一萬人，因此只得不斷地加固城壘，導致史思明久攻不破。就在史思明決定放棄，準備北返時，李光弼乘隙出擊，殲敵七萬，取得大捷！

唐肅宗乾元二年李光弼升天下兵馬副元帥，率兵討伐安慶緒，卻被史思明擊敗。此後因宦官魚朝恩的慫恿，皇帝下詔命李光弼攻洛陽，李光弼倉皇之下，兵敗邙山，退守聞喜。不久，史思明被其子史朝義所殺。史朝義出兵，李光弼再退徐州，接著又有浙東袁晁起義，肅宗再封李光弼為臨淮郡王，鎮壓袁晁。就是這場討伐袁晁的戰役，激勵了已過耳順之年的李白。只可惜李白的從軍行，走到半路便因疾病纏身，鎩羽而歸。而李光弼也因與宦官程元振、魚朝恩等人不睦，晚年憂讒畏譏，病死在徐州，年五十七。

李白欣賞李光弼，願投靠他以效軍前。他們兩人碰巧都具有胡人血統，其個性卻也都與宦官處不來，因而官場失利，致使平生意氣消沉，英雄有志難伸。李白與李光弼，一文一武，都是奇才，然其時不我與，又可謂異地則皆然了。

斯人獨憔悴——李白尋找雲夢澤

司馬相如是早期歷史上最著名的緋聞男作家。文君當壚，將他的八卦知名度推上了高峰。不過歷來大家對他的崇拜，還是在文學。他以天下聞名的辭賦，躋身漢帝國的層峰，而無論其政治地位的升降，司馬相如永遠是文藝圈的翹楚。就怕他不寫，只要一落筆，必定產生洛陽紙貴的轟動效應。

常言文人相輕，可是當時最著名的辭賦家之一揚雄便極力稱讚司馬相如：「長卿賦不似從人間來，其神化所至邪？」這樣的描述和形容，怎麼能夠不令人想起李白呢？杜甫有詩云：「昔年有狂客，號爾謫仙人。筆落驚風雨，詩成泣鬼神。」李白和司馬相如一樣，都有驚天地泣鬼神的作品傳世。而事實上，司馬相如正是李白所崇拜的偶像。

李白之崇拜司馬相如，起源於他的父親李客灌輸他的啓蒙思想。這個觀念就是，人生賺再多的錢，也不可能因此而擁有精神上的財富。唯有成爲一位文學家，這輩子才活得值得！那麼應該成爲一位什麼樣的文學家呢？李客給兒子的標竿就是司馬相如。因此李白在〈秋於敬亭送侄耑遊廬山序〉回憶道：「余小時大人令誦〈子虛賦〉，私心慕之。」於是他從十歲開始模擬司馬相如的辭賦，到了十五歲他便很自豪地說：「十五觀奇書，作賦凌相如。」每一個人在青春年少的時候，都有心目中的偶像，或者是內心自覺和不自覺都想要學習和模仿的人物。然而隨著歲月的流逝，總有一天，在不斷地努力之後，我們會發現不知從何時起，已經超越了心中的那個偶像，達到了更高的水準與境界。

其實李白大半生的浪跡萍蹤，就是從尋訪司馬相如的故鄉展開的。直到有一天，他在人生閱歷與文學成就上，都超過了司馬相如爲止。話說那一年是開元十五年（西元七二七年），李白二十七歲，乘舟溯長江而上，踏訪今天的湖北、湖南，他想要一探古雲夢大澤之虛實，他想要親眼見識是什麼樣的景色，讓司馬相如筆下出現了人間仙境，那雲夢澤究竟美到了什麼程度？

原來在《左傳》、《國語》，以及司馬相如的〈子虛賦〉裡都曾經記載，先秦楚國有一個地方，稱爲「雲夢」。那是楚王的狩獵地。而且這個區域占地非常廣闊，東起武漢，西至宜昌，往南延伸到江南公安一帶，往北則包含了京山等地。所謂雲夢澤就是一個大型的湖泊森林區，其間也有山林，也有川澤，包含了多樣的地質地貌。司馬相如在〈子虛賦〉中形容雲夢澤：「雲夢者，方九百里，其中有山焉。其山則盤紆岪鬱，隆崇嵂崒；岑崟參差，日月蔽虧；交錯糾紛，上干青雲；罷池陂陁，下屬江河。其土則丹青赭堊，雌黃白坿，錫碧金銀，眾色炫耀，照爛龍鱗。

其石則赤玉玫瑰，琳瑉昆吾，瑊玏玄厲，碝石碔砆。」其間山勢高聳入雲，江河碧波如金銀，土質如彩色繽紛的顏料，石頭則是屬於玫瑰玉的等級……。

又說道：「其中則有神龜蛟鼉，瑇瑁鱉黿。其北則有陰林巨樹，楩枏豫樟，桂椒木蘭，蘗離朱楊。樝棃梬栗，橘柚芬芳。其上則有赤猿玃猱，鵷鶵孔鸞，騰遠射干。其下則有白虎玄豹，蟃蜒貙豻，兕象野犀，窮奇獌狿。」雲夢澤長年生長著各種奇花異草與珍禽異獸。然而這樣一個神祕而且自然的生態環境區域，最遲在魏晉南北朝時期，已經消失與解體，形成了人們口中的「百里荒」。

那麼到了唐代，李白所見到的雲夢澤又會是什麼樣的景致呢？當時孟浩然有詩云：「八月湖水平，涵虛混太清。氣蒸雲夢澤，波撼岳陽城……。」這景致無疑是一片澄澈蕩漾的湖水。而賈至也說：「攜手登臨處，巴陵天一隅。春生雲夢澤，水溢洞庭湖……。」其實所謂古雲夢大澤的所在，我也曾去過幾次，到現在還可以看到煙波浩渺的湖泊、天然森林，以及遠方的青山隱隱，景色很優美，卻已經不再是司馬相如當年筆下豐美遼闊的天然獵場了。而除了李白與孟浩然之外，還有晚唐的李商隱也書寫過雲夢大澤，然而他更好奇的是楚國的宮廷文化以及楚王的特殊癖好：

夢澤悲風動白茅，楚王葬盡滿城嬌。
未知歌舞能多少，虛減宮廚為細腰。

李白是爲了追蹤躡跡有關司馬相如筆下的世界，而來到雲夢澤。他對司馬相如的仰慕之情也在此溢於言表，曾經益州長史蘇頲因爲很欣賞李白，所以既稱讚他的天才，同時也爲他打氣：「此子天才英麗，下筆不休，雖風力未成，且見專車之骨，若廣之以學，可以相如比肩也。」蘇頲的意思是，假以時日，李白一定能夠與司馬相如的文學成就並駕齊驅。

可惜的是，李白所追尋到的，不僅僅是司馬相如的文學成就，還有司馬相如在官場上的失意，彷彿像一縷幽魂，又重新纏繞在李白的身上。唐玄宗將滿腹才華的大詩人視爲娛樂圈的弄臣，他從來沒有看見李白懷有政治抱負的一面。這就像是漢武帝對待司馬相如一般，把他難得的稟賦視爲娛樂。於是人間謫仙最終只能永遠地散澹於江湖了。

杜甫是最了解李白的人，他說李白：「冠蓋滿京華，斯人獨憔悴！」「千秋萬歲名，寂寞身後事。」這是詩家之不幸，然而從千古留名的角度來看，又是大幸！

飛動的律詩——李白的境界

明清之際，著名的桐城派古文大家姚鼐曾經這樣評價李白：「盛唐人，蟬也。太白則仙也，於律體中以飛動票姚之勢，運曠遠奇異之思，此獨成一境者。」姚鼐之欣賞李白，還在他的另一首詩裡呈現出來：「曉過池州郭，人家傍曲溪。白花臨岸發，青草度江齊。秋浦殘林雨，春山遍竹雞。東樓懷李白，風日至今迷。」其實李太白的格律詩相對於古體樂府而言，是寫作數量較少的一種體裁，而桐城古文家卻特別注重書寫的規範，同時也希望在符合規範的前提下，創造出意韻無窮的作品，因此他們有興趣評價李白飛動的律詩。

那麼明清時期安徽樅陽詩派人士認爲應該怎麼寫，才能成就佳作呢？在方苞等人看來，是該講究義法的。劉大櫆則以爲，作家需要縱遊名山大川，累積數十年的學養，自我培育胸中奇氣，方能成就好的詩文。而且總體來說，桐城古文派的作家們希望文章不用文字堆砌出來，不是爲了歌功頌德而寫，也最好不要建立在氣勢恢宏的大題材上。相反地，文章要簡潔、雅致、自然、生

活。這些訴求使我們看到桐城古文家在文章美學上，比以往的唐宋古文家提出了更具體明確的藝術準則。

總之，他們很欣賞氣清詞潔，含意深遠的生活體會與小品故事，就像是明代作家歸有光所作的文章那樣，寥寥數筆，即含蓄雋永，餘韻無窮，節奏緊湊，亦不拖沓累贅，卻又令人印象深刻。我們如今就以此標準來審視李白的七言律詩〈登金陵鳳凰臺〉：

鳳凰臺上鳳凰遊，鳳去臺空江自流。
吳宮花草埋幽徑，晉代衣冠成古丘。
三山半落青天外，二水中分白鷺洲。
總為浮雲能蔽日，長安不見使人愁。

這首詩語言清晰簡明，起始首聯用字自然而然，明快暢順，即使連用「鳳」字，也沒有給人重複感。後面寫東吳大帝與晉朝人物，儘管當時曾經異常地烜赫與繁華，到如今也僅剩一片殘垣，則李白個人獨特的歷史感，總是帶著一點藐視權貴，以及破除傳統偶像的精神，他沒有使用一般詠史詩刻板的處理方式來抒發自己的情志。最後兩句話：「總爲浮雲能蔽日，長安不見使人愁。」最是富於「神韻」，其實這是脫化自漢代陸賈《新語》所謂：「邪臣之蔽賢，猶浮雲之障日月也。」李白將玄宗皇帝「賜金還山」，使他被排擠出長安的內心憾恨與苦痛，含蓄地寄託在詩句裡，一切盡在言外之意，令人低迴再三，反覆思量，進而感慨萬千。

至於這首詩在格律方面，既然爲講究方法的桐城古文家所讚賞，那麼我們也應該來看看它平仄、用韻、對仗與句式：

仄平平仄仄平平，仄仄平◯平仄平。—平平平仄平平仄，仄仄◯◯平仄平。—◯平仄仄平平仄，仄仄◯◯仄仄平。—仄平平平平仄仄，◯平仄仄仄平平。

李白此詩摹擬自崔顥的〈黃鶴樓〉：

昔人已乘黃鶴去，
此地空餘黃鶴樓。
黃鶴一去不復返，
白雲千載空悠悠。
晴川歷歷漢陽樹，
芳草萋萋鸚鵡洲。

日暮鄉關何處是？
煙波江上使人愁。

兩首詩不僅在語句與詩意上高度相似，同時其頷聯也同樣與平仄譜相反。比桐城古文家方苞稍晚的曹雪芹曾在《紅樓夢》裡說道：「若是果有了奇句，連平仄虛實不對都使得的。」曹雪芹在文學主張上的靈活度，其實也是李白的看法。李白這首詩在頷聯上顯然模擬自崔顥，同時他也應該同意：如果得了奇句，就不該拘泥於平仄虛實。

此外，李白這首詩的韻腳在：遊，流，丘，洲，愁，整體押尤韻。在對仗方面，頷聯、頸聯皆是工對，音步分別是二二一二與二二二一。而全詩的句尾也如同崔顥的詩，都是三字尾。

李白熟讀古人的作品，包括：陸賈、崔顥等名家名作，這是他詩寫得出神入化，其背後最堅實的基礎。他雖然是個很有個性的人，經常抱持強烈的主觀意識來抒情，而且具有豐富的想像力，又喜歡極度誇張的生動比喻，將心中雄偉壯麗、氣勢奔放的景象，以大刀闊斧又變幻莫測的手法來發揮與謀篇，因此創造出藝術形象鮮明的浪漫主張與風格。但是我們在他的律體詩中，又分明見識到他能夠收攝自己而寫出符合平仄、用韻、對仗與句式的詩歌，既能大膽奔放，無拘無束；又能約束自己符合規律，這是世人不得不佩服李白的另一個重大理由。我們於此再回顧姚鼐的讚嘆：「於律體中以飛動票姚之勢，運曠遠奇異之思，此獨成一境者。」此刻我們應該更能夠明白此話中的含意，同時對於李白詩歌的境界，也就有了一層更深的體會。

延伸思考

假設你和同學或是同事爭執，後來漸漸變成情緒性的吵架，而且引發了肢體上的衝突，這時你會用什麼辦法來克制自己？

國家圖書館出版品預行編目資料

李白：與爾同銷萬古愁，翻轉憂慮的樂天派詩仙／朱嘉雯著. -- 初版. -- 臺北市：五南圖書出版股份有限公司, 2023.02
面； 公分
ISBN 978-626-343-735-7 (平裝)

1.CST：(唐)李白 2.CST：學術思想
3.CST：傳記

782.8415 112000334

1XLT

【朱嘉雯經典文學情商課3】

李白
與爾同銷萬古愁，翻轉憂慮的樂天派詩仙

作　　者 — 朱嘉雯（34.6）
發 行 人 — 楊榮川
總 經 理 — 楊士清
總 編 輯 — 楊秀麗
副總編輯 — 黃文瓊
責任編輯 — 吳雨潔
封面設計 — 王麗娟
美術設計 — 王宇世
出 版 者 — 五南圖書出版股份有限公司
地　　址：106台北市大安區和平東路二段339號4樓
電　　話：(02)2705-5066　　傳　　真：(02)2706-6100
網　　址：https://www.wunan.com.tw
電子郵件：wunan@wunan.com.tw
劃撥帳號：01068953
戶　　名：五南圖書出版股份有限公司

法律顧問　林勝安律師

出版日期　2023年 2 月初版一刷
定　　價　新臺幣380元